PAIS sábios, FILHOS brilhantes

John MacArthur

PAIS sábios, FILHOS brilhantes

Como educar seus filhos
de acordo com a Bíblia

Tradução de Maria Lúcia Godde

Rio de Janeiro — 2023

Título original: *Successful Christian Parenting*

© 1998 por John F. MacArthur, Jr.

Edição original por Thomas Nelson, Inc. Todos os direitos reservados.

As citações bíblicas foram extraídas da NVI – Nova Versão Internacional, salvo quando especificado.

PUBLISHER	*Omar de Souza*
EDITOR RESPONSÁVEL	*Samuel Coto*
PRODUÇÃO	*Thalita Aragão Ramalho*
TRADUÇÃO	*Idiomas & Cia., por Maria Lúcia Godde*
PREPARAÇÃO DE ORIGINAIS	*Idiomas & Cia., por Ana Carla Lacerda*
REVISÃO	*Mariana Oliveira*
DIAGRAMAÇÃO E PROJETO GRÁFICO	*Leandro Collares (Selênia Serviços)*

CIP-BRASIL. CATALOGAÇÃO NA FONTE
SINDICATO NACIONAL DOS EDITORES DE LIVROS, RJ

M113p   MacArthur, John, 1939-
  Pais sábios, filhos brilhantes / John MacArthur ; tradução Maria Lúcia Godde. — [1. ed.] — Rio de Janeiro : Thomas Nelson, 2014.
  200 p. : il.
  Tradução de: Successful christian parenting
  Apêndice
  ISBN 978-85-7860-471-4

  1. Responsabilidade dos pais — Aspectos religiosos — Cristianismo. 2. Pais e filhos. 3. Crianças — Formação — Aspectos religiosos. 4. Vida religiosa. I. Título.

14-08962   CDD: 248.8
                                                            CDU: 248.12

Thomas Nelson Brasil é uma marca licenciada à Vida Melhor Editora LTDA.
Todos os direitos reservados à Vida Melhor Editora LTDA.
Rua da Quitanda, 86, sala 218 – Centro – 20091-005
Rio de Janeiro – RJ – Brasil
Tel.: (21) 3175-1030
www.thomasnelson.com.br

Instrua a criança segundo os objetivos que você tem para ela,
e mesmo com o passar dos anos não se desviará deles.

— Provérbios 22:6

SUMÁRIO

INTRODUÇÃO 9

CAPÍTULO 1
Sombra para nossos filhos... 13
• A decadência da sociedade moderna • A decadência da família •
É tarde demais para salvar a família? • Onde fica a igreja em tudo
isso? • Os filhos devem ser vistos como uma bênção, não como
uma provação • Criar filhos deve ser uma alegria, não um fardo • O
sucesso na criação de filhos é medido pelo que os pais fazem, não
pelo que o filho faz • As influências mais importantes sobre o filho
vêm dos pais, não dos amigos

CAPÍTULO 2
Compreenda a maior necessidade de seu filho...... 33
• Reconhecendo o verdadeiro potencial de seu filho • O behaviorismo não é a resposta • O isolamento não é a resposta • A autoestima
não é a resposta • A maior necessidade da criança: regeneração

CAPÍTULO 3
Compartilhando as Boas-novas com seus filhos... 49
• Invista tempo e seja minucioso • Ensine-lhes todo o conselho de
Deus • Enfatize as doutrinas fundamentais do evangelho • Ensine
seus filhos com persistência

CAPÍTULO 4
Ensinando sabedoria a seus filhos............................. 67
• Uma introdução à sabedoria de Salomão • A personificação da
sabedoria • Lições fundamentais para a vida

Capítulo 5
O primeiro mandamento com uma promessa......... 95
• Ensinando obediência em uma era de rebeldia • Confrontando a inclinação natural da criança • Confrontando a imaturidade da criança • Ajudando-os a crescer em sabedoria, em estatura e diante de Deus e dos homens • Entendendo a obediência • Honrando o senhor na família • Discernindo a intenção por trás da ação • Recebendo os benefícios da promessa

Capítulo 6
A disciplina e o conselho do Senhor............................ 115
• Não provoque seus filhos à ira • Dê a eles a criação correta • Aconselhe-os quando necessário

Capítulo 7
O papel do pai... 135
• O significado do amor • A maneira do amor • O motivo do amor

Capítulo 8
O papel da mãe... 155
• A quem ela se submete? • Por que ela se submete? • Como ela se submete? • Até que ponto ela se submete?

Apêndice 1
Jesus quer que eu seja um raio de sol? 171

Apêndice 2
Respondendo a algumas perguntas-chave
sobre a família 179

Notas... 197

Introdução

HÁ APROXIMADAMENTE DUAS DÉCADAS, preguei uma série de sermões intitulada "A família realizada". Aquele breve estudo de Efésios 5 provou ser de longe um dos mais populares que já realizei. Ele foi o fundamento para um de meus primeiros livros, *The Family* [A família],[1] assim como o ponto de partida de uma gama de vídeos. Transmiti os sermões originais diversas vezes ao longo dos anos no programa de rádio *Grace To You* [Graça para você], e eles sempre, invariavelmente, provocavam um forte impacto nos ouvintes.

Grande parte dessa comoção se revelava nas cartas enviadas a nós por pais que buscavam uma ajuda mais específica para as questões relacionadas à criação dos filhos. É nesse ponto que o estilo de vida bíblico se torna mais prático e mais urgente. Os pais cristãos não querem falhar em criar seus filhos na instrução e no conselho do Senhor, mas as possíveis armadilhas que aparecem no caminho podem parecer intransponíveis. Um jovem pai recentemente escreveu para mim:

> Estou à procura de ajuda *bíblica* para a criação de filhos. Não busco apenas conselhos sobre como criá-los com base em uma perspectiva cristã, não apenas uma psicologia infantil requentada e recheada de terminologia "cristã", mas sim diretrizes sólidas e bíblicas para a criação de filhos.
>
> Tenho a impressão de que os *mandamentos* específicos para os pais citados na Bíblia podem ser escritos em meia folha de papel. Mas estou certo de que também existem princípios no texto bíblico que ensinam os pais a criarem seus filhos. Estou simplesmente tendo dificuldades em saber quais "princípios" são realmente bíblicos e quais não são. Procurei livros sobre criação de filhos em uma livraria cris-

tã. Havia muitas opções, mas notei que eles estão recheados de expressões como "o senso de autoestima do seu filho"; "a propensão ao pensamento egoísta"; "o transtorno do déficit de atenção"; e assim por diante. Quantas dessas ideias têm respaldo bíblico, e quantas são apenas emprestadas da psicologia infantil secular? Vejo muito pouco nesses livros que realmente se refere à Palavra de Deus.

Minha esposa e eu mal saímos da adolescência, e agora estamos enfrentando a responsabilidade de criar nosso filho no caminho em que ele deve andar. Não sinto que estamos totalmente prontos para essa tarefa. O senhor poderia recomendar alguns recursos que possam nos ajudar?

Quando nosso filho mais velho nasceu, lembro-me claramente de como foi *sentir* de repente o enorme peso da responsabilidade inerente ao ato de nos tornarmos pais. Hoje meus filhos já estão crescidos e embarcaram na aventura de serem pais também. É um prazer vê-los começando a criar seus pequeninos na instrução e no conselho do Senhor. Observar meus netos começarem a crescer muitas vezes me lembra da grandiosa tarefa de criar filhos, não apenas para os pais de primeira viagem, mas também — muitas vezes ainda mais — para os de adolescentes e de jovens adultos.

Também compreendo e me solidarizo com a perplexidade daquele jovem pai ao examinar as diversas opções que hoje estão sendo apresentadas como "criação cristã de filhos". O mercado está inundado de abordagens questionáveis ou completamente errôneas. Podemos encontrar uma abundância de contribuições para a educação "cristã" de filhos, mas os recursos verdadeiramente *bíblicos* são realmente raros.

Enquanto isso, as famílias cristãs se autodestroem por toda parte. À medida que a sociedade mergulha mais profundamente no lamaçal do humanismo e do secularismo, a igreja falha muitas vezes na luta contra essa tendência perigosa. Infelizmente, o impacto do mundanismo desenfreado e das concessões abertas pela igreja está afetando as famílias cristãs.

Essa é uma crise grave. Podemos estar testemunhando a agonia de morte da célula básica da civilização: a família. A mídia exibe incessantemente evidências desse declínio diante de nossos olhos: o divórcio, a revolução sexual, o aborto, a esterilização, a delinquência, a infidelidade, o homossexualismo, a liberação feminina, os direitos das crianças, a exaltação da rebelião.

Enquanto isso, a sociedade secular — e às vezes até mesmo o governo federal — parece ter a intenção de redefinir e remodelar a própria concepção de família. Casamentos entre pessoas do mesmo sexo, casais homossexuais adotando crianças, o conceito da aldeia global e outras abordagens radicais da vida familiar usam a linguagem dos valores familiares enquanto estão, de fato, minando a família. Os políticos parecem cada vez mais decididos a usurpar o papel dos pais. E os pais parecem cada vez mais dispostos a abdicar desse papel em favor de outros.

Mais do que nunca, os cristãos precisam saber o que a Bíblia ensina sobre a criação de filhos e começar a colocar seus preceitos em prática.

Este não é um livro de psicologia cristã. Ele é diferente das abordagens pragmáticas e daquelas que oferecem fórmulas para a educação dos filhos e para a vida em família. Não estou propondo nenhum *método* novo. O meu objetivo é apresentar os princípios para a criação de filhos com base em uma *perspectiva cristã* da forma mais clara possível, ajudando os pais a encontrarem coerência nas dúvidas diante de Deus. Estou convencido de que se os pais cristãos entenderem e aplicarem os princípios simples que a Bíblia apresenta, eles poderão se posicionar acima das tendências da sociedade secular e criar seus filhos de uma maneira que honre a Cristo, em qualquer cultura e sob quaisquer circunstâncias.

Capítulo 1
Sombra para nossos filhos

Criem-nos segundo a instrução e o conselho do Senhor.

— Efésios 6:4

UM VELHO PROVÉRBIO CHINÊS DIZ: "Uma geração planta as árvores e a outra desfruta a sombra." Nossa geração vive à sombra de muitas árvores que foram plantadas pelos nossos ancestrais.

Em termos espirituais, desfrutamos a sombra dos padrões éticos de nossos pais e avós, de suas percepções sobre certo e errado, de seu senso de moral e dever e, acima de tudo, de seu comprometimento espiritual. Os ideais de nossos ancestrais determinaram o tipo de civilização que herdamos deles e, do mesmo modo, os ideais de nossa geração irão moldar a cultura de amanhã para nossos filhos.

Não há dúvida de que a sociedade como um todo está em um estado grave de declínio moral e espiritual. Assim, a questão que os pais cristãos enfrentam hoje é se podemos plantar algumas árvores que darão sombra para as futuras gerações, protegendo-as do calor causticante dos valores anticristãos em um mundo anticristão. Estamos plantando o tipo certo de árvore, que dá sombra, ou estamos deixando nossos filhos totalmente expostos?

A DECADÊNCIA DA SOCIEDADE MODERNA

Deveria ser óbvio para qualquer pessoa que tem algum compromisso com a verdade da Palavra de Deus que a nossa cultura como um todo está se desintegrando rapidamente em termos morais, éticos e, acima de tudo, espirituais. Os valores agora abraçados pela sociedade como um todo estão gravemente fora de sincronia com a ordem divina.

Por exemplo, o sistema judiciário norte-americano sanciona anualmente o massacre em grande escala de milhões de crianças que ainda estão para nascer, mas um tribunal em Kansas City recentemente condenou uma mulher a quatro meses de prisão por matar uma ninhada de gatinhos indesejados.[1] Um tribunal em Janesville, Wisconsin, condenou um homem a 12 anos de prisão por matar cinco gatos "para aliviar o estresse".[2] O caso foi realmente um exemplo atroz de crueldade com os animais. Porém, dois dias após aquele homem começar a cumprir sua sentença, um tribunal em Delaware condenou uma mulher a apenas trinta meses de prisão por matar seu bebê recém-nascido. A mulher havia jogado a criança recém-nascida da janela do terceiro andar de um quarto de motel em uma caçamba de lixo na viela logo abaixo, ainda com o cordão umbilical. Evidências mostraram que o bebê estava vivo quando foi arremessado pela janela, mas que morreu devido à exposição, ao abandono e a graves fraturas no crânio.[3]

Está claro que nossa sociedade como um todo não acredita mais que os humanos foram criados segundo a imagem de Deus, muito diferentes dos animais.

De fato, a popularidade crescente do lobby dos direitos dos animais ilustra perfeitamente o quanto a sociedade se distanciou do porto seguro que os princípios bíblicos representam. Enquanto esse movimento continua a ganhar uma popularidade sem precedentes, ele se torna cada vez mais radical e ataca cada vez mais abertamente a visão bíblica da humanidade. Ingrid Newkirk, fundadora do People for the Ethical Treatment of Animals (PETA), diz: "Não existe fundamento racional para a afirmação de que um ser humano tem direitos especiais. No que se refere a ter um sistema nervoso central e a capacidade de sentir dor, fome e sede, um rato é um porco é um cachorro é um garoto."[4] Newkirk não vê diferença entre as atrocidades cometidas durante a Segunda Guerra Mundial e o fato de se matar animais para alimentação: "Seis milhões de judeus morreram em campos de concentração, mas seis *bilhões* de frangos morrerão este ano nos matadouros."[5]

Essas ideias estão ganhando a aprovação da maior parte da sociedade. Algumas das celebridades mais respeitadas e mais conhecidas da atualidade repetem pensamentos semelhantes, geralmente sob o disfarce da compaixão. Mas uma perspectiva tão deturpada da "bondade" para com os animais rapidamente se torna uma crueldade frívola para com as criaturas feitas à imagem de Deus. Podemos ter uma pista do impacto inevitável que esse modo de pensar terá sobre o legado que os pais de hoje deixam para a próxima geração em uma observação feita por Michael Fox, vice-presidente da Sociedade Humanitária dos Estados Unidos. Ele diz: "A vida de uma formiga e a vida do meu filho deveriam receber a mesma consideração."[6] Que tipo de valores a cultura de nossos filhos terá?

A sociedade está cheia de tendências semelhantes assustadoras. O futuro é inimaginável para uma sociedade sem qualquer padrão moral que possa servir de fundamento para o que é certo e para o que é errado. Já estamos dispostos a condenar pessoas à prisão por matarem animais, enquanto encorajamos os médicos que realizam abortos a matarem crianças.

Em que direção está indo a nossa cultura? Que tipo de sistema de valores, que tipo de moralidade, que tipo de mundo estamos estabelecendo para a próxima geração?

E como cristãos, estamos plantando alguma árvore que dê sombra para nossos filhos? Ou estamos deixando-os totalmente expostos?

A DECADÊNCIA DA FAMÍLIA

Talvez estejamos assistindo à morte da célula fundamental de toda a civilização, a família. Os sinais desse declínio são abundantes e evidentes a nosso redor. Inúmeros fatos confirmam esse amargo prognóstico. Quase não há necessidade de se citar estatísticas. Durante os últimos quarenta anos ou mais, os sinais do colapso da família têm sido exibidos continuamente diante de nós: o divórcio, a revolução sexual, o aborto, a esterilização, a delinquência, a infidelidade, o homossexualismo, o feminismo radical, o movimento dos "direitos das crianças", o declínio da família nuclear, juntamente com a banalização de pais ou mães solteiros, e outras evidências similares. Assistimos ao entrelaçamento de uma corda intrincada que acabará estrangulando a família até a morte.

Para ser totalmente franco, muitas pessoas hoje teriam prazer em cavar o túmulo para a família. Em seu livro de 1971, *A morte da família*,[7] o psiquiatra britânico David Cooper sugeriu que é hora de eliminá-la completamente. Uma sugestão semelhante foi dada no manifesto feminista de Kate Millet em 1970, *Política sexual*.[8] Ela afirmou que as famílias, assim como todas as estruturas patriarcais, devem ser eliminadas porque não são nada mais que instrumentos de opressão e escravização das mulheres.

A maioria das pessoas que defende tais perspectivas é agressiva, irada e determinada em impor suas opiniões ao restante da sociedade. O terreno mais fértil para a propagação desses pontos de vista é o campus universitário. Consequentemente, os patrocinadores da engenharia social antifamiliar estão reeducando ativamente os jovens que em breve serão os principais líderes da sociedade e os pais de uma geração que provavelmente será ainda mais disfuncional do que a atual.

Esse tipo de doutrinação está acontecendo há muitos anos com algumas das pessoas mais influentes da atualidade — desde líderes governamentais até responsáveis por programas televisivos —, moldando a sociedade moderna profundamente, o que os torna uns dos inimigos mais perigosos e declarados da família tradicional.

Hillary Rodham Clinton, por exemplo, gostaria de transferir para o governo federal alguns dos direitos e responsabilidades sobre a criação dos filhos. O livro da sra. Clinton, *É tarefa de uma aldeia*,[9] propõe que o Estado deva patrocinar a criação dos filhos. Embora lance falsos elogios à importância do papel dos pais e dos avós, ela acredita claramente que não deveria ser permitido aos pais criar seus filhos sem a supervisão do governo secular. Ela também sugere uma abordagem mais socialista da criação de filhos com creches custeadas pelo Estado e pré-escolas com horário integral para crianças de três anos. Parece que a aldeia que a sra. Clinton propõe um lamaçal de programas financiados pelo governo federal destinados a doutrinar as crianças com os valores que o Estado considere aceitáveis, sejam eles quais forem. E se alguma coisa ficou clara ao longo da última metade do século passado foi o fato de que os valores bíblicos certamente não são considerados aceitáveis em qualquer programa patrocinado pelo governo nos Estados Unidos, portanto, a aldeia da sra. Clinton sem dúvida instruiria as crianças, em vez disso, de acordo com o humanismo secular.

Outras vozes estão clamando por medidas ainda mais radicais contra a família tradicional. Ti-Grace Atkinson, ex-presidente da filial de

Nova York da Organização Nacional para Mulheres, diz que gostaria de eliminar todo tipo de sexo, casamento, maternidade e amor. "O casamento é a servidão legalizada", diz ela, "e as relações familiares são a base de toda a opressão humana".[10]

Gore Vidal, escritor renomado e crítico social, concorda. Ele propõe a reorganização da sociedade com o objetivo de eliminar a família como nós a conhecemos hoje. Em seu lugar, ele gostaria de ver uma *autoridade* central com o poder de controlar a população humana, a distribuição de alimentos e o uso dos recursos naturais.[11]

É TARDE DEMAIS PARA SALVAR A FAMÍLIA?

Felizmente, as vozes que estão clamando por alternativas tão autoritárias à família ainda são minoria. Até os sociólogos seculares em sua maioria veem o declínio da família como um desastre absoluto. A maioria concorda que a família é um elemento fundamental da sociedade civilizada e que se ela não sobreviver — e florescer — como instituição, a morte da própria sociedade não estará muito distante. Portanto, em praticamente todos os debates públicos atuais, estamos começando a ouvir sociólogos, psicólogos, analistas, os ditos especialistas em casamento e família e todos os demais falarem sobre a necessidade de fortalecer a família, pensando em soluções para resolver o que a aflige. Estou falando de vozes seculares, não cristãs, que estão preocupadas acerca do número de famílias que estão se separando e sobre o inevitável efeito negativo que isso exerce sobre a sociedade. Outro motivo de preocupação é o número crescente de crianças que não têm quem cuide delas durante o dia — crianças que voltam para casa diariamente, para lares sem supervisão e sem pais. Os especialistas também demonstram apreensão quanto ao aumento dramático de crimes graves cometidos por crianças pequenas, nos advertindo de que a permissividade dos pais, os padrões morais frouxos e outras influências sociais liberalizantes já resultaram na queda de muitas famílias e de algumas comunidades inteiras. Se não forem corrigidos, esses problemas destruirão a sociedade como a conhecemos.

Qualquer pessoa pode ver que a maioria desses problemas está diretamente relacionada à quebra dos valores que um dia foram cultivados na família. É dolorosamente óbvio que essas calamidades não são meramente problemas sociais que exigem uma solução de parte do setor público, mas sim, acima de tudo, problemas *familiares*, cujas soluções dependem do resgate da família como instituição.

O problema é que a sociedade como um todo já rejeitou os valores bíblicos que são necessários para a recuperação e para a preservação da família. A expressão "valores familiares" é ridicularizada e muito insultada, escarnecida por alguns como instrumento de propaganda e sequestrada por outros, que defendem valores que são absolutamente prejudiciais à família.

Mas a verdade é que os únicos *valores* reais que podem salvar a família estão enraizados na Bíblia — são valores *bíblicos*, e não apenas *familiares*. Portanto, o futuro da família em nossa sociedade depende do sucesso daqueles que são comprometidos com a verdade da Palavra de Deus. Por anos, vários especialistas seculares têm proposto suas "soluções" humanistas para os problemas da sociedade, obtendo quase nenhum sucesso. Eles jamais descobrirão uma forma de curar essas angústias fora da Bíblia. Não há como.

Enquanto isso, à medida que os relacionamentos humanos continuam a se deteriorar dentro das famílias, a própria constituição da sociedade está sendo destruída. (Assista a qualquer episódio aleatório de um desses programas de entrevistas sobre relações familiares conturbadas, e você provavelmente verá uma evidência perturbadora de que isso realmente está acontecendo.) De modo inverso, se a sociedade quiser se fortalecer, a reviravolta deve começar em nossas famílias.

Infelizmente, é a sociedade a responsável por impor o maior obstáculo à reforma da família. Considere os seguintes valores antifamília já canonizados por nossa cultura. São conceitos bastante novos, das últimas décadas:

- Todos os tabus estão sendo sistematicamente abolidos e substituídos por um novo tabu: o de que os padrões morais absolutos, instituídos por Deus e revelados na Bíblia, deveriam governar todo o comportamento humano.
- O divórcio é aceito por qualquer motivo, ou por motivo algum.
- Considerando que a diferença de gêneros deve ser subestimada e eliminada tanto quanto possível, agora é inadequado falar sobre a "liderança" na família como uma responsabilidade masculina.

- As mulheres casadas que têm filhos são incentivadas a trabalhar fora de casa.
- O entretenimento, e a televisão em particular, dominam a vida no lar.
- Matar um bebê foca para tirar sua pele é criminoso; no entanto, matar bebês ainda não nascidos por qualquer motivo que seja é defendido como uma questão de livre escolha pessoal.
- A pornografia do tipo mais imoral é protegida nos Estados Unidos sob os argumentos da Primeira Emenda, ao passo que ensinar às crianças das escolas públicas que a promiscuidade é imoral é proibido por ser considerado uma violação à Constituição.

Uma sociedade comprometida com tais valores pode salvar as próprias famílias fracassadas? Não é preciso ter muito bom senso para ver que as sementes da destruição da família estão encravadas nos valores morais que a nossa cultura abraçou durante a última geração. Parece óbvio que, a não ser que a própria sociedade seja completamente transformada através do tipo de avivamento abrangente que os Estados Unidos experimentaram durante o Primeiro Grande Despertamento, o futuro da instituição família nesta cultura está com sérios problemas.

ONDE FICA A IGREJA EM TUDO ISSO?

Certamente não estou sugerindo que a família possa ser salva pela reforma moral em uma cultura secular. Este não é um brado de guerra convocando os cristãos a serem mais agressivos na busca por ações políticas. Muitos dos esforços da Igreja nos últimos anos têm sido desperdiçados tentando confrontar tendências antifamília — tais como o aborto e o homossexualismo — por meio apenas de esforços legislativos. *Reforma* não é a resposta para uma cultura como a nossa. *Redenção* é o que é necessário, e isso ocorre no âmbito do indivíduo, e não no da sociedade. A Igreja precisa voltar à verdadeira tarefa para a qual fomos chamados: evangelizar os perdidos. Somente quando multidões de indivíduos em nossa sociedade se voltarem para Cristo é que a sociedade em si experimentará qualquer transformação significativa.

Enquanto isso, as famílias cristãs têm a obrigação de plantar árvores que ofereçam sombra para as futuras gerações. Mas, francamente, mesmo na Igreja, o estado da família parece bastante sombrio.

Não que não haja sinais positivos. Durante aproximadamente três décadas temos visto uma tremenda preocupação entre os evangélicos com a necessidade de resgatar a família. As livrarias cristãs têm um bom estoque de livros sobre o casamento e a família. As rádios cristãs também estão abarrotadas de programações voltadas para a família. Não existe carência de programas, seminários e ministérios cristãos dedicados à família e à criação dos filhos.

Apesar de todas as publicações e comentários que esses ministérios dedicaram aos temas criação dos filhos e família, as estatísticas ainda mostram que, de um modo geral, as famílias cristãs não estão em muito melhor estado que as de seus vizinhos não cristãos. De acordo com alguns pesquisadores, as taxas de divórcio entre os evangélicos podem na verdade estar alguns pontos percentuais *acima* dos índices entre não cristãos. O percentual de famílias de mães e pais solteiros já é mais alto na Igreja do que no mundo. Os filhos das famílias cristãs não estão imunes à sedução das drogas, das gangues, do sexo promíscuo e de todos os outros males que assolam a juventude dos dias atuais. De um modo geral, as famílias cristãs estão sofrendo de todos os mesmos problemas que as não cristãs.

É evidente que alguma coisa está errada.

Parte do problema é que muitos dos programas hoje voltados para a criação dos filhos e para a família que estão sendo rotulados como "cristãos" não são realmente cristãos. Alguns não passam de behaviorismo secular com um verniz religioso — um amálgama ímpio de expressões que parecem bíblicas misturadas com uma psicologia humanista. Até mesmo alguns dos melhores programas cristãos sobre criação dos filhos dão uma importância exagerada a questões relativamente insignificantes que não concernem à Bíblia, deixando de enfatizar os princípios bíblicos essenciais. Um dos livros que consultei desperdiçou um capítulo após o outro com questões sobre a realização de uma lista de tarefas para pendurar na geladeira, sobre como organizar o horário do filho para limitar o tempo diante da televisão, jogos para usar no carro e conselhos semelhantes sobre *como-fazer*. Essas preocupações pragmáticas podem ter o seu valor, mas não atingem o cerne daquilo que os pais cristãos em uma sociedade como a nossa precisam tratar. (Na verdade, esse livro específico tinha pouquíssima coisa que fosse verdadeiramente cristã, fora o prefácio do autor.)

Alguns programas sobre educação dos filhos parecem começar bem, mas logo se afastam dos princípios bíblicos e começam a abordar outros assuntos, que em geral recebem mais ênfase do que as questões mais vitais, as realmente bíblicas. Os pais que aderem a esses programas querem métodos de criação dos filhos altamente regulados, completos e prontos para uso, então é isso que os especialistas tentam produzir. A lista de papéis e de instruções resultante dessa demanda rapidamente substitui os princípios bíblicos vitais. A atração que essa visão produz é sutil, porém forte, e raro é o guru em criação de filhos que consiga evitar essa tendência.

O que precisamos desesperadamente é de um retorno aos princípios *bíblicos* para a criação de filhos. Os pais cristãos não precisam de programas novos, embalados em plástico; eles precisam obedecer consistentemente aos poucos e simples princípios que são claramente apresentados aos pais na Palavra de Deus, tais como: ensinar seus filhos com persistência a verdade da Palavra de Deus (Deuteronômio 6:7); discipliná-los quando eles agirem mal (Provérbios 23:13-14) e não provocá-los à ira (Colossenses 3:21). Estes poucos preceitos, se forem aplicados consistentemente, têm um impacto positivo muito maior para pais que estão com dificuldades do que horas de discussão sobre se os bebês devem usar chupetas, ou com que idade as crianças devem ter permissão para escolher suas próprias roupas, ou dezenas de questões semelhantes que consomem tanto tempo nos típicos programas de criação dos filhos.

Ao longo deste livro, examinaremos de perto esses e outros princípios bíblicos para a criação dos filhos. Começamos com quatro princípios bíblicos geralmente negligenciados que deveriam estabelecer o fundamento para a perspectiva dos pais cristãos.

OS FILHOS DEVEM SER VISTOS COMO UMA BÊNÇÃO, NÃO COMO UMA PROVAÇÃO

Primeiramente, a Bíblia ensina claramente que os filhos são presentes benditos do Senhor. Deus os projetou para ser uma bênção.

Eles destinam-se a ser uma fonte de alegria. Eles são uma bênção do Senhor para adornar nossa vida com realização, significado, felicidade e satisfação. A paternidade e a maternidade são um presente de Deus para nós.

Isso ainda é verdade mesmo em um mundo caído, infectado pela maldição do pecado. Em meio a tudo que é mau, os filhos são símbolos da bondade amorosa de Deus. Eles são a prova viva de que a misericórdia de Deus se estende mesmo a criaturas caídas e pecaminosas.

Lembre-se de que Adão e Eva comeram do fruto proibido *antes* de terem concebido qualquer descendência. Deus não os destruiu simplesmente e começou de novo com uma nova raça. Em vez disso, ele permitiu que Adão e Eva cumprissem a ordem que havia sido dada a eles antes da Queda: "Sejam férteis e multipliquem-se!" (Gênesis 1:28). E Deus pôs em andamento um plano de redenção que por fim envolveria um número incontável de descendentes de Adão (Apocalipse 7:9-10). Os filhos que Eva deu à luz, portanto, personificaram a esperança de que pecadores caídos pudessem ser redimidos.

E quando Deus amaldiçoou a terra por causa do pecado de Adão, ele multiplicou a *dor* do processo do nascimento de filhos (Gênesis 3:16), mas não anulou a *bênção* inerente ao nascimento das crianças.

Eva reconheceu isso. Em Gênesis 4:1 a Bíblia diz: "Adão teve relações com Eva, sua mulher, e ela engravidou e deu à luz Caim. Disse ela: 'Com o auxílio do Senhor tive um filho homem.'" Eva reconheceu claramente que o Senhor era a fonte daquela criança. Ela via seu filho como um presente da mão daquele contra quem ela havia pecado, e estava radiante por isso. Apesar da dor do parto, e sem considerar a vulnerabilidade da própria criança, ela sabia que aquilo era um símbolo da graça de Deus em seu favor.

No versículo 25, lemos: "Novamente Adão teve relações com sua mulher, e ela deu à luz outro filho, a quem chamou Sete, dizendo: 'Deus me concedeu um filho no lugar de Abel.'" Eva sabia que os filhos são presentes bendidos de Deus.

E quanto aos filhos dos incrédulos? Eles também são bênçãos divinas. Em Gênesis 17:20, Deus prometeu abençoar Ismael. Como o abençoaria? Multiplicando seus filhos e descendentes. Ele disse a Abraão: "E no caso de Ismael, levarei em conta o seu pedido. Também o abençoarei; eu o farei prolífero e multiplicarei muito a sua descendência."

Ao longo de todo o texto bíblico encontramos passagens que enfatizam os filhos como bênçãos das mãos de um Deus amoroso e misericordioso. Isso se torna evidente, por exemplo, na competição entre Lia e Raquel pelo afeto de Jacó. Gênesis 29:31-33 diz: "Quando o Senhor viu que Lia era desprezada, concedeu-lhe filhos; Raquel, porém, era estéril. Lia engravidou, deu à luz um filho, e deu-lhe o nome de Rúben, pois dizia: 'O Senhor viu a minha infelicidade. Agora, certamente o meu marido me amará.' Lia engravidou de novo e, quando deu à luz outro filho, disse: 'Porque o Senhor ouviu que sou desprezada, deu-me também este.'"

Observe que a compaixão do Senhor por Lia se manifesta pela permissão de ela ter filhos. O Senhor foi aquele que abriu o ventre dela, e Lia reconheceu isso.

Enquanto isso, embora Jacó amasse mais Raquel, ela sentia que a sua própria esterilidade de alguma forma indicava algum tipo de inferioridade. A Bíblia diz: "Quando Raquel viu que não dava filhos a Jacó, teve inveja de sua irmã. Por isso disse a Jacó: 'Dê-me filhos ou morrerei!'" (Gênesis 30:1).

A Bíblia diz: "Jacó ficou irritado e disse: 'Por acaso estou no lugar de Deus, que a impediu de ter filhos?'" (v. 2). Ele também reconhecia que somente Deus pode dar filhos.

Raquel estava tão determinada a ser mãe que arquitetou um plano insensato pelo qual teria filhos através de sua serva Bila (v. 3), aumentando assim as complexidades já pecaminosas do relacionamento polígamo, que era justamente a fonte de sua contenda com Lia. No fim, Deus abençoou Raquel com filhos também, e ela o louvou pela sua bondade para com ela: "Ela engravidou, e deu à luz um filho e disse: 'Deus tirou de mim a minha humilhação'" (v. 23). Raquel morreu dando à luz Benjamim, e sua parteira lhe disse essas palavras de consolo antes de sua morte: "Não tenha medo, pois você ainda terá outro menino" (Gênesis 35:17).

Ao longo dessa história dos pais e mães que deram à luz as diversas tribos do povo escolhido de Deus, uma coisa é clara: todas as partes entendiam que os filhos eram bênçãos do Senhor.

Pelo plano gracioso de Deus, os filhos são dados para trazer alegria, felicidade, contentamento, satisfação e amor aos pais. O Salmo 127:3-5 deixa isso bem claro:

Os filhos são herança do Senhor,
Uma recompensa que ele dá.
Como flechas nas mãos do guerreiro,
são os filhos nascidos na juventude.
Como é feliz o homem que tem a sua aljava cheia deles!
Não será humilhado
quando enfrentar seus inimigos no tribunal.

Está claro que, no plano de Deus, os filhos destinam-se a ser uma bênção, e não uma dificuldade. E eles geralmente são fonte de felicidade quando chegam ao mundo. Mas se forem deixados expostos e não receberem o tipo adequado de proteção, eles acabarão fazendo os pais sofrerem.

Isso nos leva ao segundo princípio fundamental.

CRIAR FILHOS DEVE SER UMA ALEGRIA, NÃO UM FARDO

A tarefa dos pais não é um jugo a ser carregado; é um privilégio a ser desfrutado. Se o projeto de Deus ao nos dar filhos é nos abençoar, a tarefa que ele nos dá como pais não é nada além de uma extensão e ampliação dessa bênção.

Criar filhos é difícil apenas até o ponto em que os pais dificultam a tarefa falhando em seguir os princípios simples que Deus estabelece. Negligenciar o seu dever diante de Deus como pai ou mãe é perder a bênção inerente a essa tarefa, e aqueles que o fazem tomam sobre si um fardo que Deus nunca pretendeu que os pais carregassem.

Uma maneira infalível de encher sua vida de infelicidade é abdicar da responsabilidade que Deus lhe deu como mentor da criança que ele colocou em suas mãos em uma expressão de sua graça. Nada em sua vida poderá se comparar a isso; nada produzirá mais alegria e satisfação absoluta do que criar seus filhos na instrução e no conselho do Senhor.

Não existem aspectos desagradáveis na criação dos filhos? É claro, nenhum de nós tem prazer em ter de disciplinar nossos filhos. Como pai, aprendi depressa que o que meus pais sempre me diziam sobre a disciplina era verdade: ela geralmente dói mais nos pais do que nos filhos. Entretanto, mesmo o processo de disciplina no fim produz alegria quando somos fiéis às instruções de Deus. Provérbios 29:17 diz: "Discipline seu filho, e este lhe dará paz; trará grande prazer à sua alma."

Há uma riqueza revigorante e estimulante de alegria na criação de filhos segundo os padrões de Deus que não pode ser adquirida de nenhum outro modo. Em sua graça, Deus incorporou ao processo de criação de filhos uma fonte de prazer, desde que seus princípios fossem obedecidos.

A Bíblia garante que teremos êxito na criação de filhos se seguirmos o plano de Deus? Considere este terceiro ponto fundamental.

O SUCESSO NA CRIAÇÃO DE FILHOS É MEDIDO PELO QUE OS PAIS FAZEM, NÃO PELO QUE O FILHO FAZ

Se medirmos nosso sucesso como pais unicamente por aquilo que nossos filhos se tornam, não existirá garantia inviolável na Bíblia de que teremos sucesso absoluto nesses termos. Às vezes, os filhos criados em ótimas famílias cristãs crescem e abandonam a fé. Por outro lado, o Senhor em sua graça redime muitos filhos cujos pais são um fracasso total. O que um filho se torna, como fato considerado isoladamente, não é um medidor confiável do sucesso dos pais.

Entretanto, a *verdadeira* medida do sucesso dos pais cristãos é o próprio caráter dos pais. Se seguimos o projeto de Deus para a criação dos filhos, podemos dizer que tivemos êxito como pais diante de Deus.

Invariavelmente, os pais perguntam sobre Provérbios 22:6: "Instrua a criança segundo os objetivos que você tem para ela, e mesmo com o passar dos anos não se desviará deles." Essa não é uma promessa bíblica de que se criarmos nossos filhos corretamente, podemos garantir que eles andarão fielmente com o Senhor?

Essa noção se fundamenta em uma compreensão errônea da natureza dos Provérbios. Na verdade, os Provérbios são ditados sábios e clichês — não necessariamente regras invioláveis. Por exemplo, dois versículos antes, lemos: "A recompensa da humildade e do temor do Senhor são a riqueza, a honra e a vida" (v. 4). Essa certamente não é uma promessa que sempre serão ricos e honrados aqueles que temem o Senhor. Muitos outros versículos também nos ensinam que os justos são inevitavelmente perseguidos (2Timóteo 3:2) e muitas vezes são pobres (Tiago 2:5).

Além do mais, Provérbios 10:27 diz: "O temor do Senhor prolonga a vida, mas a vida do ímpio é abreviada." Sabemos que esse princípio não é verdadeiro em todos os casos. Ele não pode ser afirmado como uma promessa invariável de Deus a todos os que temem o Senhor.

Da mesma forma, Provérbios 22:6 é um princípio que geralmente é verdadeiro. E o mesmo princípio seria verdadeiro se fosse aplicado a soldados, carpinteiros, professores, ou a qualquer outro modo de criação. A maneira como uma pessoa é criada determina o que ela se torna. Nas palavras de Jesus, "Todo aquele que for bem-preparado será como o seu mestre" (Lucas 6:40). O mesmo princípio se aplica aos filhos, que também são, normalmente, produtos da criação que receberam. Trata-se de um lugar-comum incontestável.

Entretanto, Provérbios 22:6 não é uma promessa para os pais cristãos reivindicarem, alegando que o Senhor garantirá que seus filhos jamais se afastarão do caminho da verdade. O grande comentarista puritano Matthew Henry fez estas observações sobre o truísmo de Provérbios 22:6: "Quando eles *crescerem*, quando eles *envelhecerem*, espera-se que eles *não se afastem dele*. As boas impressões que foram geradas sobre eles então ali permanecerão por todos os seus dias. Geralmente, o vaso retém o sabor com o qual ele foi temperado primeiro. Muitos na verdade se afastaram do bom caminho no qual foram criados; o próprio Salomão fez isso. Contudo, a criação que receberam no início pode ser um meio de se recuperarem, como se supõe que Salomão tenha feito. Pelo menos, os pais terão o consolo de terem cumprido o seu dever e usado os meios adequados."[12]

Como regra geral, os pais que seguem os princípios bíblicos na criação de seus filhos verão um efeito positivo no caráter deles. De um ponto de vista puramente estatístico, os filhos que crescem em lares que honram Cristo têm maior probabilidade de permanecerem fiéis ao Senhor na idade adulta do que os filhos que crescem em lares nos quais os pais desonram o Senhor. O axioma de Provérbios 22:6 se aplica neste caso. Certamente não devemos pensar que a soberania de Deus na salvação significa que a maneira como criamos nossos filhos é irrelevante. Deus muitas vezes usa pais fiéis como instrumentos na salvação dos filhos.

No fim das contas, porém, a salvação de seu filho é uma questão a ser resolvida entre ele e Deus. Nada que você possa fazer garantirá a redenção dele. Com esse alvo em mente, o que você deve fazer é orar a Deus e instruir seu filho — usando todos os meios disponíveis para imprimir as verdades do Evangelho perpetuamente em seu coração. Entretanto, no fim, a aptidão espiritual de um filho adulto não é necessariamente o único medidor confiável do sucesso dos pais.

Tendo dito isso, quero enfatizar que às vezes — ou melhor, *com frequência* — os pais *são* em parte culpados pela rebelião obstinada de seus filhos. E pude observar ao longo dos anos que os pais geralmente são mais culpados por terem filhos desobedientes do que a sociedade, do que as más companhias ou do que quaisquer das demais influências que os pais tendem a culpar. De tempos em tempos encontro pais que violaram praticamente todos os princípios bíblicos na criação de filhos, mas que, apesar disso, procuram o pastor na tentativa de obter algum tipo de absolvição da responsabilidade pela desobediência de seus filhos. Eles querem uma garantia verbal de que não são culpados de modo algum; outra pessoa é a culpada, não eles.

Entretanto, o próprio Deus entregou a responsabilidade pela criação dos filhos aos pais — não aos professores, aos colegas, aos funcionários das creches ou a outras pessoas fora da família — e, portanto, é errado os pais tentarem descarregar essa responsabilidade ou transferir a culpa quando as coisas dão errado. Este é o quarto princípio fundamental.

AS INFLUÊNCIAS MAIS IMPORTANTES SOBRE O FILHO VÊM DOS PAIS, NÃO DOS AMIGOS

Deus solenemente encarregou os pais do dever de criar seus filhos na instrução e no conselho do Senhor. Eles não têm a prerrogativa de transferir esse dever a outros. Os pais precisam se envolver na vida de seus filhos o suficiente para garantir que *nenhuma outra influência* prevaleça. Aos que reclamam que as falhas de seus filhos são culpa dos amigos, minha resposta infalível é que, no fim das contas, os próprios pais são os principais culpados, porque foram eles que permitiram que essas companhias tivessem mais influência na vida de seus filhos do que eles próprios.

Alguns pais sem dúvida revirarão os olhos com sarcasmo diante dessa afirmação, e insistirão que não é realista nestes dias e nesta era esperar que os pais influenciem seus filhos mais que os amigos, a cultura, a televisão, os professores e todos os demais fatores que competem para ter o interesse dominante na vida de uma criança.

Sarcasmo semelhante é expresso em um livro publicado recentemente, *The Nurture Assumption: Why Children Turn Out the Way They Do* [A hipótese da criação: por que os filhos se tornam aquilo que eles se tornam],[13] por Judith Rich Harris, uma avó que vive em Nova Jersey e é autora de diversos livros de psicologia. Ela insiste em afirmar que praticamente nada que os pais possam fazer fará qualquer diferença expressiva no temperamento, na personalidade ou no caráter de seus filhos. "A criação dos filhos tem sido enaltecida de modo exagerado", diz ela. "Você tem sido levado a acreditar que tem mais influência sobre a personalidade de seu filho do que realmente tem."[14] De acordo com Harris, os grupos de colegas de nossos filhos, e não nós, determinam que tipo de pessoas eles serão ao crescer. Ela apresenta uma ordem de evidências impressionante, desde dados técnicos de pesquisas até testemunhos humorísticos, todos argumentando a realidade desse fato de modo persuasivo.

À primeira vista, a noção de que os pais têm pouca influência sobre o caráter dos filhos parece contrária a tudo que acreditamos sobre a educação dos filhos. Mas aqueles que leram o livro podem achar a teoria de Harris mais do que plausível — e até convincente.

Ainda assim, um momento de reflexão revelará *por que* os pais na nossa cultura têm menos influência sobre seus filhos do que os amigos: a maioria dos pais simplesmente abdicou de seu papel. Eles entregaram seus filhos aos amigos. Investiram menos tempo em ensinar seus filhos do que o permitido para eles assistirem à televisão. Permitiram que toda a instrução espiritual, moral e ética de seus filhos viesse da televisão, dos filmes, da música e das outras crianças. Até mesmo nos melhores casos, os pais confiam demais nos professores da escola, nos professores da escola dominical da igreja e nos líderes de jovens — tudo fora do campo de ação da família. Os pais precisam entender que o caráter não é transmitido geneticamente nem absorvido por osmose. Os filhos são *ensinados* a ser o que eles se tornarão. Se eles se tornaram algo que não era o que os pais esperavam, geralmente é porque simplesmente aprenderam com aqueles que estavam presentes para lhes ensinar na ausência dos pais.

Em outras palavras, os pais, e não os filhos — e nem mesmo os amigos —, no fim das contas, são os que devem ser culpados pela influência paterna e materna cada vez menor em nossa cultura. Sempre que as influências externas moldam o caráter de uma criança mais do que os pais, estes falharam em seu dever. É simples assim.

Os pais cristãos hoje precisam desesperadamente reconhecer esse princípio simples. Diante do trono de Deus, seremos considerados responsáveis caso tenhamos entregado nossos filhos a outras influências que moldem o caráter deles de maneira ímpia. Deus colocou em nossas mãos a responsabilidade de criarmos nossos filhos na instrução e no conselho do Senhor, e prestaremos contas a ele por nossa negligência deste grande dom. Se os outros exercerem maior influência sobre nossos filhos do que nós, somos *culpados* e indesculpáveis, simples assim.

Deus fez da criação dos filhos uma responsabilidade em tempo integral. Não há intervalos para o café em nossos deveres como pais e mães. Tal preceito está embutido até mesmo na Lei dada no Monte Sinai. Deus prefaciou suas instruções aos israelitas com este encargo solene: "Que todas estas palavras que hoje lhe ordeno estejam em seu coração. Ensine-as com persistência a seus filhos. Converse sobre elas quando estiver sentado em casa, quando estiver andando pelo caminho, quando se deitar e quando se levantar" (Deuteronômio 6:6-7).

Essa é a definição do próprio Deus da tarefa dos pais. Significa que criar filhos é uma missão em tempo integral em todos os sentidos da expressão. Nenhuma fase da vida está isenta. Nenhuma hora do dia está excluída. Não há tempo de folga para os pais que querem ser fiéis a esse chamado.

Alguns pais pensam que podem dividir a vida de seus filhos em compartimentos, designar um determinado número de horas por semana para gastar em sua criação e, assim, seus deveres como pais estão cumpridos, certificando-se de que as horas que eles dedicaram à tarefa sejam um "tempo de qualidade". Toda essa filosofia é contrária à mensagem de Deuteronômio 6:7, e é um caminho seguro para garantir que influências externas tenham mais peso que os pais em moldar o caráter da criança.

A história de Israel presente no Antigo Testamento é uma lição objetiva sobre os perigos de negligenciar esse princípio vital. Israel falhou miseravelmente no dever de ensinar seus filhos sobre a justiça de Deus. Considere este versículo notável sobre a primeira geração de israelitas na Terra Prometida. E observe que essa foi apenas uma geração após Deus ter proferido a Lei no Monte Sinai: "O povo prestou culto ao Senhor durante toda a vida de Josué e dos líderes que continuaram vivos depois de Josué e que tinham visto todos os grandes feitos que o Senhor realizara em favor de Israel... Depois que toda aquela geração foi reunida a seus antepassados, surgiu uma nova geração que não conhecia o Senhor e o que ele havia feito por Israel" (Juízes 2:7,10).

Em outras palavras, toda a geração de israelitas fracassou em sua responsabilidade. Eles deixaram de ensinar seus filhos sobre tudo que Deus havia feito por Israel. E, como consequência, a geração seguinte se desviou do Senhor *em massa*: "Então os israelitas fizeram o que o Senhor reprova e prestaram culto aos baalins. Abandonaram o Senhor, o Deus dos seus antepassados, que os havia tirado do Egito, e seguiram e adoraram vários deuses dos povos ao seu redor, provocando a ira do Senhor. Abandonaram o Senhor e prestaram culto a Baal e aos postes sagrados" (Juízes 2:11-13).

Os filhos se voltaram para os deuses malignos dos cananeus. O ambiente ao redor os influenciou mais do que seus pais porque estes abdicaram de seu papel. O resultado foi idolatria, caos e destruição. "Cada um fazia o que lhe parecia certo" (Juízes 21:25).

O mesmo padrão se repetiu seguidamente ao longo da história de Israel. Sempre que uma geração de pais deixava de plantar as sementes das árvores que dariam sombra para as gerações seguintes, os filhos sofriam a fome espiritual que inevitavelmente se seguia.

Isso ocorre até hoje. Agora mesmo o panorama para a próxima geração é tão sombrio quanto no passado. E não haverá uma mudança a não ser que esta geração de pais cristãos retome em tempo integral o trabalho de plantar árvores espirituais que deem sombra.

Para muitos pais, o primeiro passo para voltar aos trilhos deve ser um novo compromisso pessoal com os preceitos de Deus. Se as nossas prioridades na vida estiverem distorcidas, não haverá esperança de ensinar aos nossos filhos o que eles precisam aprender.

Pais, façam uma análise em seus corações. Vocês têm sede de Deus assim como a corça anseia pelas águas? Ou sua própria vida está passando para seus filhos uma mensagem de hipocrisia e indiferença espiritual? Seu compromisso com Cristo é o que você espera ver na vida de seus filhos? Sua obediência à Palavra de Deus é o mesmo tipo de submissão que você anseia ver em seus filhos? Essas são perguntas cruciais que cada pai e mãe devem enfrentar se realmente quiserem ter êxito em seu papel e serem um bom exemplo para os filhos. Os pais que são relapsos nessas áreas praticamente garantem que seus filhos fracassem espiritualmente. A negligência dos pais nas próprias vidas espirituais equivale a cortar todas as árvores que dão sombra para a próxima geração de suas famílias.

Nos capítulos seguintes examinaremos com mais detalhes os mandamentos bíblicos para os pais, maridos, esposas e filhos. Os princípios divinos para ter êxito na criação dos filhos segundo padrões cristãos aparecerão claramente. Antes de prosseguir com a leitura, entretanto, eu o incentivo a examinar seu coração diante de Deus e a fazer uma profunda análise espiritual de você, não apenas como pai, mas como filho de Deus.

Capítulo 2
Compreenda a maior necessidade de seu filho

Sei que sou pecador desde que nasci, sim, desde que me concebeu minha mãe.

— Salmos 51:5

OS PAIS TENDEM A TORNAR a criação dos filhos mais complexa, e, contudo, mais superficial do que ela realmente é. Os pais cristãos de hoje buscam programas detalhados, métodos passo a passo e instruções meticulosamente delineadas. Os gurus da criação de filhos alegram-se em prestar esse serviço. Eles oferecem planos minuciosos para alimentar os bebês *segundo Deus*; métodos *cristãos* para ensinar crianças pequenas a usarem o banheiro; listas extensas do que se deve e do que não se deve fazer na administração da vida social das crianças em idade pré-escolar. Há catálogos semelhantes de regras para cada fase da vida até o casamento.

Nem todos os conselhos deles são ruins, é claro. Alguns podem ser úteis e até proveitosos, mas comparados com os princípios para a criação de filhos que realmente são apresentados na Bíblia, a maioria dos ditos programas "cristãos" é desnecessariamente complexa e às vezes não completamente realista. Longe de serem incontestavelmente cristãos, alguns dos conselhos dados nesses programas são na verdade extrabíblicos e, portanto, poderiam ser ignorados com muita segurança. Alguns deles são simplesmente *ruins*. Por exemplo, um jovem casal se recusa a permitir que qualquer pessoa (inclusive a vovó) nine seu bebê, *de modo algum*, porque aprenderam em um programa cristão de criação de filhos que ninar o bebê para fazê-lo dormir faz com que ele não queira ir para a cama quando for mais velho. Assim, esses pais vivem com medo de que se alguém ninar o bebê, isso possa despertar nele uma tendência rebelde ou egocêntrica que dará maus frutos mais tarde.

Às vezes, parece que parte da indústria cristã voltada para a criação de filhos floresce alimentando os medos dos pais de que se eles fizerem qualquer coisinha errada, poderão prejudicar seriamente a criança para sempre, *fazendo com que* seu caráter ou sua conduta sejam desvirtuados. Alimentando essas preocupações, esses programas persuadem os pais a caminharem de forma inflexível com seus métodos, inscrevendo-se em seminários ano após ano e tornando-se completamente dependentes dos gurus da criação de filhos, incapazes e indispostos a pensar por si mesmos. Eles começam a ver a criação dos filhos como um campo minado cheio de perigos — um passo errado significa se arriscar a causar um dano emocional e psicológico ao filho por toda a vida. Então os pais ficam totalmente rendidos a esses sistemas que mapeiam cada passo deles, seguindo à risca o programa até os aspectos que não têm base bíblica alguma. Muitas vezes eles estão até dispostos a desafiar tanto o bom senso quanto a intuição paterna para seguirem as instruções de outra pessoa sobre como criar seus filhos. Essa não é uma tendência saudável.

Como observado no capítulo anterior, criar filhos deveria ser uma alegria, não um fardo. A Bíblia enfatiza seguidamente as bênçãos de ter filhos e as ricas recompensas de criá-los. "Os filhos são herança do Senhor, uma recompensa que ele dá" (Salmos 127:3, AA). A Palavra de Deus nunca retrata a educação como uma corrida de obstáculos cercada de armadilhas potencialmente mortais.

Entretanto, há uma armadilha gigantesca que muitas vezes é ignorada pelos pais cristãos. É algo tão básico dentro do que cremos como cristãos, algo ensinado tão claramente na Bíblia que nenhum pai ou mãe cristãos jamais deveriam ser pegos de surpresa por isso. No entanto, constantemente fico impressionado com quão pouco se toca nesse tema na maioria dos currículos cristãos sobre criação de filhos.

Estou falando da inclinação inata da criança para o mal.

RECONHECENDO O VERDADEIRO POTENCIAL DE SEU FILHO

TODA CRIANÇA VEM AO MUNDO com uma capacidade insaciável para o mal. Mesmo antes do nascimento, o coração humano já está programado para o pecado e o egoísmo. A afinidade irredutível da humanidade por toda espécie de depravação é tamanha que, se for deixado com rédeas soltas, todo bebê terá o potencial para se tornar um monstro.

Se você estiver procurando uma categoria teológica para encaixar essa doutrina, ela geralmente é chamada de "depravação total". Significa que os filhos não vêm ao mundo buscando Deus e a justiça. Eles nem sequer vêm ao mundo com uma inocência neutra. Eles vêm ao mundo buscando a realização de seus desejos pecaminosos e egoístas. Embora a operação externa da natureza pecaminosa não atinja necessariamente sua plena expressão no comportamento de todas as pessoas, ela é chamada de depravação *total* porque não existe nenhum aspecto da personalidade, do caráter, da mente, das emoções ou da vontade humana que esteja livre da corrupção do pecado ou que seja imune às suas seduções.

De onde os filhos tiram essa depravação? Ela não é um comportamento aprendido. É uma disposição inata. Os filhos a recebem dos pais, que a receberam de seus pais, que a receberam de seus pais, e daí por diante, remontando a Adão, que aos 130 anos "gerou um filho à sua semelhança, conforme a sua imagem" (Gênesis 5:3). Todos os filhos de Adão carregavam o selo do pecado. Eles foram infectados com desejos malignos. Eles nasceram com gostos pecaminosos e com uma aversão aos ensinamentos de Deus — a mesma aversão que fez com que Adão e Eva tentassem se esconder da presença do Senhor (Gênesis 3:8). E os filhos de Adão deixaram como herança para seus próprios descendentes a mesma natureza pecaminosa. Assim, o legado da corrupção e da culpa foi passado a todas as gerações subsequentes.

Em outras palavras, a queda de Adão maculou toda a raça humana com o pecado. Tanto a culpa quanto a corrupção do pecado são universais. O apóstolo Paulo escreveu: "Portanto, da mesma forma como o pecado entrou no mundo por um homem, e pelo pecado a morte, assim também a morte veio a *todos* os homens, porque todos pecaram" (Romanos 5:12, grifo do autor). "Uma só transgressão resultou na condenação de todos os homens" (v. 18), o que significa que herdamos a *culpa* do pecado. E "... por meio da desobediência de um só homem muitos foram feitos pecadores" (v. 19), o que significa que herdamos a *corrupção* do pecado. Ninguém está isento. Ninguém nasce realmente inocente. Exceto por Cristo, concebido de modo sobrenatural pelo Espírito Santo, nenhuma pessoa concebida jamais foi liberta da mácula moral do pecado de Adão.

Até Davi, descrito pela Bíblia como um homem segundo o coração de Deus (Atos 13:22), escreveu: "Sei que sou pecador desde que nasci, sim, desde que me concebeu minha mãe" (Salmos 51:5). Davi não quis dizer que sua mãe o havia concebido em um ato de fornicação. Ele não estava sugerindo que existe algo de pecaminoso no processo pelo qual os bebês são concebidos, pois a Bíblia diz: "O casamento deve ser honrado por todos; o leito conjugal, conservado puro" (Hebreus 13:4). A união matrimonial em si é santa. Mas quando Davi disse que havia sido concebido em pecado, ele quis dizer que sua natureza estava contaminada com tendências pecaminosas e desejos malignos desde o momento da concepção.

Isso é verdade acerca de todos nós. Herdamos tanto a culpa quanto a corrupção do pecado de Adão, e as transmitimos a nossa descendência. Essa é a doutrina do *pecado original*. Nascemos em uma raça caída. Herdamos uma natureza caída. Somos inexoravelmente atraídos para a sedução do pecado. Temos um apetite pelo mal e nenhuma sede natural por Deus. Finalmente, não temos nenhum poder em nós mesmos para obedecer a Deus ou para resistir ao mal: "A mentalidade da carne é inimiga de Deus porque não se submete à Lei de Deus, nem pode fazê-lo. Quem é dominado pela carne não pode agradar a Deus" (Romanos 8:7-8). O pecado colore nossa natureza. Nascemos com uma tendência pecaminosa. Temos uma personalidade caída antes mesmo de cometermos nosso primeiro ato deliberado de pecado. Na verdade, pecamos *porque* somos pecadores. Não somos criaturas inocentes que de repente *se tornam* pecadoras quando pecam pela primeira vez. Não somos inclinados para o bem até sermos expostos ao mal. Não somos perfeitos até sermos arruinados por nossos pais, como alguns poderiam sugerir. Não nascemos nem sequer na condição de moralmente *neutros*. Nascemos pecadores.

Tudo isso também é verdade no que se refere a nossos filhos. Se deixados por conta própria, eles *seguirão* o caminho do pecado. E se forem deixados *inteiramente* por conta própria, não haverá mal que não sejam capazes de cometer. O Salmo 58:3 diz: "Os ímpios erram o caminho desde o ventre; desviam-se os mentirosos desde que nascem." O apóstolo Paulo citou uma série de referências do Antigo Testamento em sua epístola aos Romanos, mostrando, com base no texto bíblico, que não há exceções à doutrina da depravação humana:

Como está escrito: Não há nenhum justo, nem um sequer; não há ninguém que entenda, ninguém que busque a Deus. Todos se desviaram, tornaram-se juntamente inúteis; não há ninguém que faça o bem, não há nem um sequer. Suas gargantas são um túmulo aberto; com suas línguas enganam. Veneno de serpentes está em seus lábios. Suas bocas estão cheias de maldição e amargura. Seus pés são ágeis para derramar sangue; ruína e desgraça marcam os seus caminhos, e não conhecem o caminho da paz. Aos seus olhos é inútil temer a Deus (Romanos 3:10-18).

Os pais instintivamente evitam pensar nesses termos. O que vemos em nossos bebês recém-nascidos parece a própria epítome da inocência infantil casta e preciosa.

Entretanto, nossos filhos não são inocentes quando vêm ao mundo, exceto no sentido de que eles são ingênuos e inexperientes. Todo o potencial para o pecado de qualquer espécie já está presente no coração deles, em forma de semente. Uma tendência para o pecado impulsiona o coração, a mente e a vontade deles. E eles não têm um potencial ingênuo para a verdadeira santidade ou para a justiça que agrada a Deus. Já são totalmente depravados, apenas esperando que esse caráter se manifeste. Embora tenham algum conhecimento do bem em seus corações (Romanos 2:14-15), não podem fazer o bem e não irão fazê-lo, porque amam o mal (Jeremias 17:9; João 3:19).

Se você tem problemas com essa noção, simplesmente reconheça que seus filhos são uma versão sua em miniatura.

Muitos pais vivem aterrorizados com medo de que algo que eles façam de errado possa prejudicar a personalidade — originalmente virtuosa — de seus filhos de forma irreparável. Eles pensam que se alguma coisa der errado na infância, a criança poderá ficar à deriva espiritualmente ou se perder moralmente. A verdade é que nossos filhos já estão desfigurados pelo pecado desde o momento em que foram concebidos.

O impulso para o pecado está embutido em sua natureza. Tudo que é necessário para que a trágica colheita aconteça é que os filhos tenham permissão para dar expressão irrestrita a esses desejos malignos.

Em outras palavras, os filhos não ficam maus por causa de algo que seus pais fazem. Eles nascem pecaminosos, e essa tendência ao pecado se manifesta em razão do que os pais *não* fazem.

A sociedade moderna produziu mais assassinos em massa, pervertidos, pedófilos, estupradores e criminosos em seu tempo do que quase qualquer outra sociedade na história registrada. E os especialistas invariavelmente fazem a pergunta: o que aconteceu com eles quando eram pequenos? O que seus pais fizeram com eles? Eles viveram em um ambiente de abuso? Estiveram em algum tipo de situação na qual foram seriamente maltratados? Seus pais ou a sociedade causaram algum dano a eles, fazendo com que se voltassem para o mal?

A verdade é que essas pessoas não são produto de algo que seus pais *fizeram* a elas. Elas são fruto do que seus pais *não* fizeram. Na verdade, um número surpreendente deles não teve qualquer influência paterna ou materna permanente, mas foram filhos adotivos. A maioria dos outros teve pais cuja influência moral estava simplesmente ausente de suas vidas.

Um caso digno de registro é o do famoso Jeffrey Dahmer. Ele se tornou um assassino em massa homossexual, necrófilo e canibal. Os especialistas estudaram sua infância para tentar identificar traumas que pudessem explicar uma mente tão pervertida. Entretanto, Dahmer foi criado por uma mãe coruja que mantinha um livro de recortes detalhado registrando seus primeiros passos, seu primeiro corte de cabelo e seu primeiro dente. Sem dúvida, a infância de Dahmer não foi nada excepcional. Suas experiências mais traumáticas na infância foram uma operação de hérnia e a ruptura do casamento de seus pais. O próprio Dahmer afirmou: "Quando eu era um garotinho, era simplesmente igual a todos os outros." Mas nos primeiros anos de sua adolescência, ele começou a sentir um apetite sádico por torturar animais e fazer experiências repulsivas com suas carcaças. Isso ocorreu durante uma adolescência relativamente isenta de supervisão na qual, segundo o testemunho de sua própria mãe, ela tentava fazer o máximo possível para dar a ele o que desejasse. Tendo permissão para fazer praticamente tudo que quisesse, Dahmer dava plena expressão a seus desejos malignos. Ele alimentava os próprios apetites pecaminosos, que passaram então a se concretizar por meio de perversões cada vez mais sinistras, até que quase nada mais saciava o desejo de Dahmer pela maldade.

Por que nossa sociedade está produzindo tantos psicopatas e degenerados? Por que tantos crimes violentos atualmente são cometidos por crianças que nem sequer entraram na adolescência? Por que tantas famílias aparentemente "normais" geram filhos delinquentes? Creio que todos esses fenômenos têm sua raiz no estilo que é tão popular hoje em dia entre os pais modernos, o estilo da "não interferência". A tolerância e a passividade definem a abordagem atual da criação de filhos. A contenção e a correção são consideradas repressoras demais para a psique da criança. A autoestima substituiu o autocontrole. Os pais têm medo de corrigir o comportamento errado. Eles são incentivados pelos *especialistas* a deixarem seus filhos se expressarem livremente. Muitos pais estão completamente ausentes da esfera de influência moral de seus próprios filhos. É permitido que a natureza da criança simplesmente tome o seu rumo, e quando os pais percebem a depravação completa do coração do filho, as coisas já estão beirando a calamidade.

A Bíblia diz: "A insensatez está ligada ao coração da criança, mas a vara da disciplina a livrará dela" (Provérbios 22:15). Quando os filhos simplesmente têm permissão para seguirem o curso de sua natureza, o resultado inevitavelmente é o desastre.

Aquele pequeno bebê recém-nascido, por mais adorável que seja, já é um crápula em formação. E se os pais não tiverem compromisso em criar esse filho na instrução e no conselho do Senhor, ele acabará por dar plena expressão a sua depravação. E em uma sociedade cada vez mais hostil aos princípios de Deus e cada vez mais tolerante com a maldade, não é de se admirar que tantas crianças que são deixadas para se desenvolverem de acordo com sua própria inclinação estejam se tornando más além da imaginação. A epidemia dos tiroteios nas escolas durante a última década é apenas a ponta do iceberg. Se você quiser ter uma prova do quanto o lado sombrio da cultura jovem de hoje é maligno, vá até à loja de CDs de sua cidade e dê uma olhada nas músicas que estão sendo vendidas ao público jovem. Você verá músicas glorificando um sem-número de malignidades, desde a perversão sexual grotesca até a raiva, o ódio e a rebelião, incluindo a violência sem sentido e até a adoração a Satanás. E a maioria dos pais não faz ideia do que seus filhos estão ouvindo ou de como eles se comportam.

É simplesmente perigoso, principalmente em uma cultura como a nossa, um pai ou mãe recuarem e permitirem que a própria natureza de um filho determine, no sentido moral e ético, o que ele vai se tornar. Nesse cenário, só pode haver um resultado: uma vida de pecado.

O BEHAVIORISMO NÃO É A RESPOSTA

A esta altura, alguns leitores podem supor que a solução que tenho em mente para tratar da depravação da criança seja o controle estrito de seu comportamento associado a uma disciplina severa. Não é o caso.

Certamente, tanto as boas maneiras quanto a disciplina são aspectos necessários da criação de filhos adequada. Entretanto, ensinar boas maneiras a nossos filhos não é solução para o problema da depravação humana. A punição pelo mal praticado também não resolverá o problema. Na verdade, os pais que concentram todas as suas energias em corrigir o comportamento externo ou em eliminar o mau comportamento com ameaças de disciplina, podem estar fazendo um pouco mais do que criar um hipócrita.

Vi isso acontecer repetidas vezes. Conheço pais cristãos que pensam ter êxito na criação dos filhos porque os ensinaram a agir com educação no momento correto, a responderem "Sim, senhor" e "Não, senhora" e a falarem com os adultos quando estes falam com eles. Entretanto, por trás das costas dos pais, esses mesmos filhos podem ser as crianças mais malcomportadas e incontroláveis da igreja, principalmente quando os amigos estão presentes e as figuras de autoridade, ausentes. Mesmo assim, os pais parecem estar abençoadamente inconscientes do verdadeiro caráter de seus filhos. Quase todos os professores e líderes de jovens sabem o que é a frustração de tentar lidar com uma criança problemática cujos pais simplesmente se recusam a acreditar que o filho *deles* seja capaz de agir mal. Isso geralmente acontece porque se concentram apenas em problemas como o comportamento em público, o decoro externo e a cortesia com os outros adultos, sem ter, no entanto, um entendimento do estado real do coração de seus filhos. Muitas vezes a criança está só se ajustando para evitar ser punida.

Apenas reforçar a necessidade do bom comportamento à vista dos outros com a ameaça de punição futura é puro behaviorismo. As boas maneiras da criança resultantes dessa abordagem são meramente uma reação condicionada. Embora esse tipo de controle de comportamento pareça fazer maravilhas por algum tempo (principalmente quando os pais estão por perto), ele não trata do problema da depravação, que é um problema do coração.

O ISOLAMENTO NÃO É A RESPOSTA

Muitos pais cristãos pensam que cumprirão a tarefa de criar seus filhos se construírem um casulo ao redor deles para isolá-los das más influências. Eles restringem a exposição de seus filhos à televisão, banem a música pop de casa e, às vezes, até proíbem qualquer confraternização com crianças cujos pais possam não compartilhar de seu compromisso com esse tipo de isolamento.

Com certeza há muitas coisas na televisão e em outras fontes de entretenimento contra as quais nossos filhos *deveriam* ser protegidos. E uma vez que os padrões estão se deteriorando tão rapidamente, é essencial que os pais cristãos ofereçam *alguma espécie* de isolamento para seus filhos. É unicamente uma falta de cuidado criar filhos permitindo que eles naveguem na internet sem supervisão, ouçam todas as músicas que escolherem ou assistam à televisão e a filmes sem qualquer supervisão. Os pais que imprudentemente perdem o controle sobre o que seus filhos veem e ouvem em uma cultura como a de hoje são culpados de uma má conduta aterradora.

Entretanto, o isolamento completo tampouco é a resposta. A ingenuidade não é uma característica a ser cultivada em nossos filhos. O cuidado exagerado é uma imaturidade tola; ele deixa nossos filhos crédulos e vulneráveis. Os ingênuos são os alvos mais fáceis para os enganos sedutores da tentação. Ao longo do livro de Provérbios, os ingênuos (os "inexperientes", em muitas traduções da Bíblia) são citados como exemplos *negativos*:

- "Até quando vocês, inexperientes, irão contentar-se com a sua inexperiência? Vocês, zombadores, até quando terão prazer na zombaria? E vocês, tolos, até quando desprezarão o conhecimento?" (Provérbios 1:22).
- "Pois a inconstância dos inexperientes os matará, e a falsa segurança dos tolos os destruirá" (1:32).
- "E vi entre os inexperientes, no meio dos jovens, um rapaz sem juízo" (7:7).
- "Vocês, inexperientes, adquiram a prudência; e vocês, tolos, tenham bom senso" (8:5).
- "O inexperiente acredita em qualquer coisa, mas o homem prudente vê bem onde pisa... Os inexperientes herdam a insensatez, mas o conhecimento é a coroa dos prudentes" (14:15,18).
- "O prudente percebe o perigo e busca refúgio; o inexperiente segue adiante e sofre as consequências" (22:3, ver 27:12).

Por favor, não me entenda mal; há uma espécie de inocência santa que precisamos cultivar, não apenas em nossos filhos, como também em nós mesmos. O apóstolo Paulo escreveu: "Quero que sejam sábios em relação ao que é bom, e sem malícia em relação ao que é mau" (Romanos 16:19). Entretanto, nesse contexto, ele estava falando do conhecimento que vem da experiência pessoal. Esse versículo apareceu no fim de diversos capítulos de instruções práticas do apóstolo. Ele estava dizendo que queria que os romanos tivessem uma boa prática do bom comportamento, porém que fossem inexperientes no que se referia ao mal.

Inexperiência e ingenuidade não são a mesma coisa. Paulo não queria dizer que ele desejava que eles se esquecessem da existência do mal. Certamente não estava defendendo a ignorância deliberada de uma cegueira voluntária à *realidade* do mal. Ele queria que eles fossem prudentes, e não pudicos. A diferença é significativa.

Os pais não podem — e *não devem* — tentar isolar seus filhos totalmente da verdade sobre o pecado e as sutilezas da tentação. Não devemos cultivar o tipo de "inocência" em nossos filhos que os deixa expostos e vulneráveis a tentações que nunca sequer imaginaram que existissem. Nossa tarefa é ensinar-lhes o discernimento, e não criá-los para serem puritanos.

Conheço um curso cristão de criação de filhos que incentiva as mães e os pais a evitarem dar a seus filhos qualquer espécie de instrução detalhada sobre assuntos de ordem sexual, não apenas durante a infância e a adolescência, mas até — e inclusive — a noite do casamento. As perguntas inevitáveis sobre anatomia e desenvolvimento do corpo durante a puberdade devem ser desviadas com respostas vagas, deixando claro que o simples *tema* "sexo" é um tabu. Se é preciso responder a perguntas sobre reprodução, elas devem ser tratadas usando-se as partes de uma flor, por medo de que qualquer coisa mais explícita tire a inocência da criança. De acordo com esse programa, a mera exposição aos *fatos* sobre reprodução humana põe em risco a inocência moral do filho. Esse curso específico vai muito longe, a ponto de advertir os pais a não levarem seus filhos a exposições de arte clássica, porque elas apresentam estátuas e pinturas que retratam figuras nuas.

Esse tipo de isolamento é uma receita para o desastre. É uma perspectiva totalmente antibíblica. O sexo não é retratado na Bíblia como algo inerentemente mau, muito menos como um tabu. O sexo fora do casamento com certeza é pecaminoso, mas dentro do casamento a união entre marido e mulher é santa e digna de honra (ver Hebreus 13:4). O assunto em si não representa ameaça para uma inocência adequada, moral e de acordo com os ensinamentos de Deus. Além disso, como nossos filhos podem esperar ter uma compreensão adequada e bíblica dessas coisas se tratarmos o assunto como uma ameaça à inocência deles? A Palavra de Deus com certeza não faz isso. Um livro inteiro do Antigo Testamento — o Cântico dos cânticos — foi escrito para celebrar a alegria e a pureza da intimidade matrimonial. Não há ordens ou princípios na Bíblia que restrinjam esses assuntos e os proíbam de fazerem parte da instrução dos pais.

Ao contrário, instruir os filhos adequadamente nessas questões está no cerne da responsabilidade dos pais. Se um pai abdicar dessa responsabilidade, praticamente estará garantindo que seus filhos sejam mais influenciados pelos valores e hábitos que aprendem com os professores e amigos na escola. É quase impossível, e certamente uma abordagem errada, manter os filhos *totalmente* isolados de todas as influências fora da família. Muito provavelmente, eles *aprenderão* sobre essas coisas com outras fontes, não importa o quanto tenham sido protegidos. Se os pais se recusarem a promover um conhecimento segundo os princípios cristãos acerca do sexo e da reprodução humana, as probabilidades de que a criança desenvolva atitudes *ímpias* em relação ao assunto são multiplicadas.

Além disso, a noção de que os pais estão preservando a inocência de uma criança simplesmente declarando certos tópicos tabus e isolando os filhos da verdade acerca deles ignora a realidade de que muitos de nossos desejos pecaminosos são inatos. Os apetites pecaminosos são inerentes a nossa natureza caída. Eles não são meramente comportamentos aprendidos. Recuse-se a ensinar a seus filhos *qualquer coisa* sobre sexo e você não apenas perderá a oportunidade de dar a eles uma perspectiva justa, como também poderá desatar o freio da própria imaginação maligna da criança, que, com o tempo, entrará em operação.

Uma justificativa semelhante deve ser utilizada para aqueles que tentam isolar seus filhos de todas as influências negativas da cultura secular. O isolamento extremo custa aos pais oportunidades valiosas de ensinar seus filhos a terem discernimento. Por exemplo, pode ser mais proveitoso assistir a *Guerra nas estrelas* com nossos filhos e ensinar a eles como identificar e recusar suas filosofias errôneas da Nova Era, do que tentar mantê-los em uma "quarentena espiritual", completamente isolados de todas essas influências.

Para início de conversa, os pais não poderão isolar seus filhos para sempre. O dia em que eles serão expostos ao mundo real chegará, e é melhor que eles tenham discernimento e sabedoria para perceber e resistir aos estratagemas do diabo e às seduções do mundo.

Em segundo lugar, é simplesmente um erro pensar que desconectando nossos filhos das influências externas de algum modo nós impediremos que eles estejam sujeitos às tentações do mal. A fonte mais persistente de tentação não é o mundo ou o diabo, mas a carne. Você pode evitar muitas vezes a influência do mundo e do diabo, mas não pode fugir da influência de sua própria carne. A carne é uma fonte constante de tentação da qual você *não pode* segregar seus filhos.

É um grave erro considerar nossos filhos anjinhos que precisam ser tratados delicadamente para que não se corrompam. Em vez disso, eles são pequenos pecadores corruptos que precisam ser conduzidos à justiça.

A AUTOESTIMA NÃO É A RESPOSTA

Uma filosofia que moldou as abordagens populares da educação de filhos por décadas, tanto na área secular quanto na igreja, está fundamentada na noção de que os pais deveriam fazer todo o possível para reforçar a autoestima de seus filhos. Os especialistas nos dizem que se as crianças e os adolescentes (sem mencionar os adultos) tivessem uma opinião melhor a respeito de si mesmos, a maioria dos problemas psicológicos e emocionais seria resolvida.

A raiz de todos esses problemas, dizem eles, é que as pessoas não têm respeito suficiente por si mesmas. Se elas tivessem mais orgulho — se vissem a si mesmas como pessoas boas, nobres, maravilhosas —, não apenas se comportariam melhor, como também tratariam os outros de forma melhor.

Os defensores da autoestima costumam ter os pais como alvo, afirmando que eles são os maiores culpados por nossa baixa autoestima, advertindo-os a fazerem tudo que for possível para elevar o amor-próprio de seus filhos. Eles advertem os pais a não focarem a correção do mau comportamento, mas a concentrarem maiores esforços para reforçar a autoimagem da criança. Eles sugerem que os filhos devam ser ensinados a amar a si mesmos da maneira que são, a aceitar a si mesmos e a se sentirem bem consigo mesmos.

O mesmo tema é martelado em todos os fóruns de debates, desde os livros infantis às músicas populares. Um exemplo típico é a canção que ganhou o disco de platina duplo em 1986, "The Greatest Love of All" — um canto de glória audacioso à autoestima.

Os recreadores, os educadores e os especialistas de todos os tipos estão cantando o mesmo refrão, enaltecendo o amor-próprio como a grande solução para todos os problemas de nossos filhos. As ligas esportivas para crianças começaram a patrocinar torneios nos quais não existem perdedores (e, consequentemente, não existem vencedores nem qualquer competição real). As escolas adotaram vários sistemas de graduação que garantem que ninguém jamais fracasse, eliminando praticamente o incentivo aos alunos para se esforçarem com diligência. Uma nova técnica para encorajar a autoestima é a "ortografia inventiva". Os professores permitem — e até encorajam — os alunos a soletrar as palavras da maneira que eles "sentem que é certa" para eles. A ortografia nunca é corrigida, por medo de que isso reprima a capacidade da criança de se expressar por escrito. (Pratiquei a ortografia inventiva quando frequentava a escola também, mas nenhum de meus professores conseguia enxergar meu gênio criativo.)

O trabalho árduo, a verdadeira excelência, o bom comportamento e o domínio próprio foram sacrificados no altar da autoestima. Acima de tudo, nos é dito que precisamos ensinar nossos filhos a gostarem de si mesmos da maneira que são. Sugerir que existem coisas que eles precisam mudar é considerado o maior passo em falso que qualquer pai ou mãe poderia cometer. Assim, milhões de pais simplesmente abandonaram todos os esforços para estimular seus filhos a realizações maiores ou a um caráter mais nobre.

Mas os campeões da autoestima também não querem que os pais se sintam mal pelos seus fracassos paternos. Um artigo sobre o tema em uma revista dirigida à criação de filhos garante aos pais que eles precisam aprender a amar a si mesmos antes que possam ajudar seus filhos a atingir a autoestima adequada. Um crítico do "autoestimismo" observou sabiamente que esta é uma das alegorias filosóficas mais inteligentes do movimento da autoestima: a absorção em si mesmo como altruísmo. O egoísmo se transformou em virtude — "o maior amor de todos".

A verdade é que muito dos esforços modernos para estimular a autoestima dos filhos é simplesmente como derramar gasolina em um incêndio descontrolado. Essa atitude encoraja os filhos já rebeldes a pensar que suas ações são legítimas por fazerem as coisas do próprio jeito. Esse pensamento também faz com que os pais pensem que precisam ceder à criança, haja o que houver, porque ela tem o direito de se expressar livremente, a fim de que se sinta bem consigo mesma. Tudo isso apenas agrava o comportamento descontrolado e alimenta todas as piores tendências da depravação humana. Você quer *garantir* que seu filho se torne um delinquente? Alimente a autoestima e o egoísmo dele e depois se recuse a corrigi-lo quando ele estiver errado.

O "autoestimismo" se fundamenta em uma perspectiva antibíblica. Ele é diametralmente oposto à verdade da depravação humana. Além do mais, embora a Bíblia elogie o *domínio próprio* como um fruto do Espírito, ela não tem nada de positivo a dizer sobre a autoestima, o amor-próprio ou qualquer outra variedade de egocentrismo. Apesar da frequência com que ouvimos esse "mantra" ser cantado pelos que se autodenominam especialistas, a supervalorização da autoestima *não é* do que seu filho precisa.

A MAIOR NECESSIDADE DA CRIANÇA: REGENERAÇÃO

Existe apenas um remédio para a depravação inata da criança: o novo nascimento — a regeneração. Como Jesus disse a Nicodemos: "O que nasce da carne é carne, mas o que nasce do Espírito é espírito... É necessário que vocês nasçam de novo" (João 3:6-7).

Tendo "nascido da carne" com uma inclinação pecaminosa, seus filhos não têm poder para se libertarem do cativeiro do pecado. Falta--lhes o Espírito Santo. Eles não têm capacidade de agradar a Deus ou de obedecer-lhe de coração. Tendo nascido da carne, eles são carnais. E a "mentalidade da carne é inimiga de Deus porque não se submete à Lei de Deus, nem pode fazê-lo. Quem é dominado pela carne não pode agradar a Deus" (Romanos 8:7-8).

Em outra passagem, a Bíblia descreve os não regenerados como "mortos em suas transgressões e pecados (...) satisfazendo as vontades da (...) carne, seguindo os seus desejos e pensamentos (...) por natureza merecedores da ira" (Efésios 2:1-3). Quer você goste ou não, essa é uma descrição precisa de seus filhos — até que eles nasçam de novo.

Portanto, sua principal prioridade como pai ou mãe é ser um evangelista no seu lar. Você precisa ensinar a seus filhos a Lei de Deus; ensinar-lhes o Evangelho da graça divina; mostrar a eles a necessidade de terem um Salvador; e apontar o caminho para Jesus Cristo como o único que pode salvá-los. Se eles crescerem sem uma consciência aguçada da necessidade que têm de salvação, o pai ou a mãe terão fracassado em sua principal tarefa como líder espiritual deles.

Por outro lado, observe que a regeneração não é algo que você possa fazer *por* eles. Os pais que obrigam, coagem ou manipulam seus filhos podem pressioná-los a uma *falsa* profissão de fé, e a fé genuína é algo que somente a graça divina pode estimular. O novo nascimento é uma obra do Espírito Santo. "O vento sopra onde quer. Você o escuta, mas não pode dizer de onde vem nem para onde vai. Assim acontece com todos os nascidos do Espírito" (João 3:8). Deus opera soberanamente no coração de seus filhos para atraí-los a si. A salvação deles é uma questão que deve ser resolvida somente entre eles e Deus.

Entretanto, como pais, ainda assim vocês são responsáveis por exaltar Cristo em seu lar e indicar a seus filhos o caminho em direção ao Salvador. "E como ouvirão, se não houver quem pregue?" (Romanos 10:14). Como pais crentes, vocês são os primeiros e os mais importantes pregadores que Deus lhes deu. Eles observarão suas vidas de perto, para ver se *vocês* acreditam seriamente no que estão lhes ensinando. Eles vão analisar o que vocês lhes dizem sobre essas questões desde a primeira vez que puderem entender alguma coisa. Vocês têm uma oportunidade melhor que qualquer pessoa para ajudar a estruturar o que eles sabem a respeito de Cristo. Cada momento da vida deles é uma oportunidade de ensino (ver Deuteronômio 6:6-7), e vocês deveriam usar essas oportunidades visando ao interesse de seus filhos.

Eis a razão pela qual tantos pais acham que criar filhos é algo tão desesperadamente complexo: eles ignoram a *maior* necessidade de seus filhos enquanto focam suas energias em alimentar a autoimagem da criança, em administrar como ela se comporta em público, em proteger a criança das influências externas, ou alguma outra abordagem que trate dos sintomas e não da causa. Todas essas abordagens apenas multiplicam as complexidades da criação dos filhos.

É sabido que quando o apóstolo Paulo delineou os diversos papéis e responsabilidades para os membros da família, ele resumiu em um versículo toda a tarefa da criação de filhos com uma advertência aos pais. Tendo lembrado aos filhos sobre seu dever sob o Quinto Mandamento, ele voltou sua atenção ao papel dos pais: "Pais, não irritem seus filhos; antes criem-nos segundo a instrução e o conselho do Senhor" (Efésios 6:4).

Não ficaríamos surpresos se o apóstolo Paulo dedicasse todo um capítulo, ou até uma epístola inteira, a delinear as responsabilidades dos pais. Em vez disso, porém, ele resumiu tudo relacionado à criação de filhos em um único versículo, e pôde fazer isso porque a tarefa estava definida claramente: "Criem-nos segundo a instrução e o conselho do Senhor."

Em um futuro capítulo, analisaremos o aspecto negativo da advertência de Paulo ("Não provoquem seus filhos à ira"). Mas no capítulo a seguir, começaremos a examinar o que significa criar nossos filhos na instrução e no conselho do Senhor. E iniciaremos com algumas diretrizes muito práticas para tratar da maior necessidade de nossos filhos — conduzi-los a Cristo.

Capítulo 3
Compartilhando as Boas-novas com seus filhos

Digo-lhes a verdade: Quem não receber o Reino de Deus como uma criança, nunca entrará nele.

— Marcos 10:15

A ÚNICA PERGUNTA PRÁTICA QUE os pais me fazem frequentemente é: como devo apresentar o Evangelho a meus filhos? Armadilhas, tanto reais quanto imaginárias, intimidam praticamente todos os pais que contemplam essa responsabilidade. Por um lado, há o perigo de se simplificar em demasia. Por outro lado, não queremos confundir nossos filhos com detalhes teológicos que estão além de sua compreensão. Qual é a melhor abordagem a adotar? Quando é o melhor momento para começar? Quando podemos considerar que nossos filhos têm idade suficiente para desenvolverem uma fé salvadora genuína? E se eles fizerem perguntas que não sabemos responder? Como saber se estamos fazendo isso direito? Parece ser fácil demais os pais passarem a seus filhos uma mensagem inadequada ou distorcida.

Mas não há necessidade de ficar paralisado por esses temores. O Evangelho é simples e deve ser apresentado com simplicidade. Os pais têm os melhores anos da vida da criança para explicarem, esclarecerem, enfatizarem e reenfatizarem as verdades do Evangelho. O segredo é ser fiel e coerente tanto no ensino quanto na exemplificação da Palavra de Deus. Uma das piores coisas que os pais podem fazer é se permitirem pensar que outra pessoa poderia apresentar melhor o Evangelho para seus filhos, abdicando assim de sua responsabilidade mais crucial, perdendo as melhores oportunidades de alcançar seus filhos e deixando passar as melhores bênçãos da paternidade.

INVISTA TEMPO E SEJA MINUCIOSO

Eis alguns conselhos fundamentais: pensem em conduzir seus filhos a Cristo como uma missão de longo prazo e em tempo integral — o dever mais importante que Deus lhes deu como pais.

Sejam minuciosos. Não existe um bom motivo para suavizarem ou abreviarem o Evangelho para seus filhos. Os pais, mais do que qualquer outra pessoa, têm tempo de sobra para serem detalhistas e claros para explicar e ilustrar os ensinamentos bíblicos, ouvir a opinião deles, corrigir interpretações errôneas e esclarecer e rever as partes difíceis. Esse é o melhor cenário possível para o evangelismo. Os pais sábios serão fiéis, pacientes, perseverantes e minuciosos. Na verdade, é precisamente isso que a Bíblia exige de todos os pais: "Que todas estas palavras que hoje lhe ordeno estejam em seu coração. Ensine-as com persistência a seus filhos. Converse sobre elas quando estiver sentado em casa, quando estiver andando pelo caminho, quando se deitar e quando se levantar" (Deuteronômio 6:6-7).

Não pense no Evangelho como algo adequado somente para ocasiões evangelísticas especiais. Não presuma que as aulas da escola dominical ou uma Bíblia para crianças darão a seus filhos toda a verdade do Evangelho de que eles necessitam. Procure e aproveite as muitas oportunidades diárias que você terá de enfatizar e pontuar a verdade de Deus no pensamento de seus filhos.

Não dependa demais das apresentações do Evangelho enlatadas ou pré-formuladas. Muitas das abordagens programadas para o evangelismo de crianças deixam de fora partes cruciais da mensagem. Elas deixam de explicar os conceitos do pecado e da santidade de Deus e não dizem nada sobre arrependimento, mas costumam solicitar alguma resposta ativa da criança — uma mão levantada em uma reunião, uma oração de rotina no colo da mãe —, em geral, quase nada que possa ser contado como uma reação positiva. Então, depois disso, a criança é considerada regenerada, e os pais são encorajados a focar em fazer confirmações verbais de salvação. Como consequência, a igreja está cheia de adolescentes e adultos cujos corações estão destituídos do verdadeiro amor a Cristo, mas que pensam que são cristãos genuínos por causa de alguma coisa que eles *fizeram* quando crianças.

Evite essa armadilha. Não suponha que a primeira reação positiva de seus filhos seja uma fé salvadora completa. Se você acha que a oração de uma criança de três anos convidando Jesus para entrar em seu coração garante automaticamente a ela um lugar no Reino, a sua noção do que significa confiar em Cristo não é muito bíblica.

É verdade que a fé salvadora implica ter uma confiança como a de uma criança, e nesse sentido todos os pecadores devem se tornar crianças a fim de serem salvos (Mateus 18:3-4). Mas a ênfase nessa afirmação não está na *ignorância* das crianças, mas no fato de que elas não têm qualquer mérito para serem salvas e são totalmente dependentes. Os pecadores não têm realizações pessoais que valham qualquer coisa para a salvação (ver Filipenses 3:7-9). São indefesos, dependendo totalmente de Deus para lhes dar tudo. Assim como uma criança.

Por outro lado, a fé real envolve a compreensão e a afirmação de alguns conceitos importantes que podem estar fora do alcance das crianças pequenas (ver Romanos 10:14 e 1Coríntios 14:20). O único alvo da fé genuína é Jesus Cristo *como ele nos é apresentado no Evangelho*. Como as crianças podem exercitar a verdadeira fé salvadora antes de terem idade suficiente para entender e afirmar elementos essenciais, objetivos da verdade do Evangelho? A fé salvadora não é uma fé *cega*. A verdadeira fé salvadora não pode ignorar os conceitos essenciais do Evangelho, tais como o bem e o mal, o pecado e a punição, o arrependimento e a fé, a santidade de Deus e sua ira contra o pecado, Cristo como Deus encarnado, a ideia da expiação do pecado e o significado da ressurreição e do senhorio de Cristo. A idade específica em que se alcança a maturidade suficiente para compreender esses conceitos pode diferir de uma criança para outra. (De modo que não há uma maneira confiável de apontar uma "idade da responsabilidade"). Mas até que a criança demonstre algum grau de real entendimento e alguma medida de fruto espiritual, os pais não devem apressar-se a ver sua regeneração como uma questão definida.

Ainda assim, não anule as expressões infantis de fé como se fossem insignificantes ou triviais. Os pais devem encorajar todo sinal de fé em seus filhos. Não os ridicularize nem os diminua pelas coisas que eles não entendem. Use a oportunidade para lhes ensinar mais. Alimente o desejo deles de aprender sobre Cristo e encoraje cada profissão de fé que façam. Mesmo se você concluir que é cedo demais para ver o interesse deles em Cristo como uma fé madura, não o ridicularize como sendo apenas uma falsa profissão de fé. Ela pode ser a semente de onde a fé madura mais tarde emergirá. E não desanime com a falta de compreensão ou com a ignorância. Até o crente mais maduro não compreende plenamente toda a verdade com precisão. Continue ensinando-lhes de acordo com os preceitos de Deuteronômio 6:6-7.

Nada que os pais possam fazer garantirá realmente a salvação de um filho. Não podemos crer *por* eles por procuração. Podemos coagi-los ou manipulá-los para levá-los a uma profissão de fé espúria, mas a fé *genuína* é estimulada pela obra de Deus no coração da criança (ver João 6:44-45). Podemos convencê-los a ter uma falsa certeza, mas a *verdadeira* certeza é obra do Espírito Santo (ver Romanos 8:15-16). Tome cuidado para não intrometer-se em uma esfera que pertence somente a Deus. Não empregue persuasões externas, a pressão dos colegas, o poder da sugestão, a sedução da aprovação, o medo da rejeição ou qualquer outro meio artificial para atrair uma reação superficial de seu filho. Seja fiel, paciente e minucioso. E regue seus esforços com orações pela salvação dele, tendo sempre em mente que Deus age onde você não pode — no coração da criança.

ENSINE-LHES TODO O CONSELHO DE DEUS

Como exatamente devemos apresentar o Evangelho a nossos filhos? Muitas pessoas que fazem essa pergunta estão buscando um esquema simplificado. Elas querem um plano de salvação resumido no qual a mensagem seja desmembrada em quatro ou cinco pontos básicos, ou menos, se possível. O "evangeliquês" moderno é muito propenso a esse tipo de redução sistemática do Evangelho. A arrumação na estante de folhetos de uma igreja incluía títulos como: *Seis passos para ter paz com Deus; Cinco coisas que Deus quer que você saiba; As quatro leis espirituais; Três Verdades sem as quais você não pode viver; Duas questões que você precisa resolver; e Um único caminho para o céu.*

Como observei anteriormente, muitas das abordagens do Evangelho que seguem uma fórmula específica omitem deliberadamente verdades importantes, como o arrependimento e a ira de Deus contra o pecado. Algumas vozes espirituais influentes no "evangeliquês" moderno argumentaram que essas verdades (e outras, inclusive o senhorio de Cristo, o seu chamado a uma entrega e o alto preço do discipulado) são estranhas ao Evangelho. Eles disseram que essas questões não deviam sequer ser trazidas à discussão quando falamos com as pessoas. Outros líderes cristãos, desejando a unidade ecumênica entre católicos, ortodoxos e evangélicos, sugerem que questões doutrinárias importantes, como a justificação pela fé e a expiação substitutiva, não são realmente essenciais ao Evangelho. Sua abertura ecumênica indica que praticamente qualquer tipo de fé genérica em Cristo pode ser vista como a fé salvadora autêntica, ignorando o fato de que o Novo Testamento condena aqueles que professam crer em Cristo enquanto rejeitam ou distorcem a doutrina da justificação (ver Gálatas 1:6-9). Parece que *muitos* evangélicos estão obcecados por descobrir qual é a menor parcela da verdade de Deus na qual uma pessoa pode crer e ainda assim chegar ao céu. Muitas das abordagens populares modernas do evangelismo foram moldadas de acordo com essa visão.

Entretanto, os pais, mais do que ninguém, devem resistir à tentação de pensar nestes termos. O tipo de ensino constante, fiel e diligente exigido por Deuteronômio 6:6-7 é incompatível com uma abordagem minimalista do Evangelho.

O Evangelho consiste nas Boas-novas a respeito de Cristo, incluindo *toda* a verdade a respeito dele. Não há necessidade de pensar em nenhum aspecto da verdade bíblica como sendo incompatível com o Evangelho ou estranho a ele. Na verdade, uma vez que Cristo é a soma e o ápice de toda revelação bíblica (ver Hebreus 1:1-3), cada verdade contida na Bíblia no fim aponta para ele. Portanto, nenhuma delas está fora de lugar nos contextos evangelísticos. Pode-se dizer com precisão, então, que os pais que querem ser minuciosos na evangelização de seus filhos precisam ensinar-lhes *todo o conselho de Deus*, tomando o cuidado de demonstrar as ramificações do Evangelho em toda essa verdade. Esse, acredito, é o verdadeiro sentido do que Deuteronômio 6:6-7 exige.

Nenhuma fórmula pode suprir de modo algum as necessidades de cada pessoa não regenerada. Aqueles que são *ignorantes* precisam que lhes seja dito quem é Cristo e por que ele oferece a única esperança de salvação (ver Romanos 10:3). Aqueles que são *descuidados* precisam ser confrontados com a realidade do julgamento iminente (ver João 16:11). Aqueles que são *medrosos* precisam ouvir que Deus é misericordioso e que não tem prazer na morte do mau, mas insiste para que os pecadores venham a ele em busca de misericórdia (ver Ezequiel 33:11). Aqueles que são *hostis* precisam que lhes mostrem a futilidade de se oporem à vontade de Deus (ver Salmos 21:1-4). Aqueles que fazem sua *própria justiça* precisam ter seu pecado exposto pelas exigências da Lei de Deus (ver Romanos 3:20). Aqueles que são *orgulhosos* precisam ouvir que Deus odeia o orgulho (ver 1Pedro 5:5). *Todos* os pecadores precisam entender que Deus é santo e que Cristo atendeu às exigências da perfeita justiça de Deus em favor dos pecadores (ver 1Coríntios 1:30). Toda apresentação do Evangelho deve incluir uma explicação da morte sacrificial de Cristo pelo pecado (1Coríntios 15:3). E a mensagem não é o Evangelho se ela também não contar novamente seu sepultamento e o triunfo de sua ressurreição (ver 1Coríntios 15:4,17).

ENFATIZE AS DOUTRINAS FUNDAMENTAIS DO EVANGELHO

Juntamente com o compromisso de serem minuciosos, os pais também precisam tomar muito cuidado ao enfatizar certas verdades que são particularmente cruciais para um entendimento correto do Evangelho. Eis alguns indicadores que o ajudarão nesse caminho:[1]

Ensine-os sobre a santidade de Deus

"O temor do Senhor é o princípio da sabedoria" (Salmos 111:10, Jó 28:28; Provérbios 1:7; 9:10; 15:33; Eclesiastes 12:13; Miqueias 6:9). Aqui, a Bíblia não está falando do temor como um medo covarde. Não é o tipo de medo que vê Deus como alguém inconstante em sua ira. Em vez disso, trata-se do temor devoto, reverente, do temor de ofender a santidade de Deus, um temor fundamentado em um entendimento real de Deus como alguém que é "Teus olhos são tão puros, que não suportam ver o mal; não podes tolerar a maldade" (Habacuque 1:13).

Deus é totalmente santo, e sua Lei, portanto, requer santidade perfeita. "Pois eu sou o Senhor, o Deus de vocês; consagrem-se e sejam santos, porque eu sou santo. Não se tornem impuros... por isso, sejam santos, porque eu sou santo" (Levítico 11:44-45). "Ele é Deus santo! É

Deus zeloso! Ele não perdoará a rebelião e o pecado de vocês" (Josué 24:19). "Não há ninguém santo como o Senhor; não há outro além de ti; não há rocha alguma como o nosso Deus" (1Samuel 2:2). "Quem pode permanecer na presença do Senhor, esse Deus santo?" (1Samuel 6:20)? "O Senhor está no seu santo templo; o Senhor tem o seu trono nos céus. Seus olhos observam; seus olhos examinam os filhos dos homens. O Senhor prova o justo, mas o ímpio e a quem ama a injustiça, a sua alma odeia. Sobre os ímpios ele fará chover brasas ardentes e enxofre incandescente; vento ressecante é o que terão. Pois o Senhor é justo, e ama a justiça; os retos verão a sua face" (Salmos 11:4-7). "Sejam santos, porque eu sou santo!" (1Pedro 1:16). "Sem santidade ninguém verá o Senhor" (Hebreus 12:14).

Porque ele é santo, Deus odeia o pecado. "Não te prostrarás diante deles [os falsos deuses] nem lhes prestarás culto, porque eu, o Senhor teu Deus, sou Deus zeloso, que castigo os filhos pelos pecados de seus pais até a terceira e quarta geração daqueles que me desprezam" (Êxodo 20:5). "Tu não és um Deus que tenha prazer na injustiça; contigo o mal não pode habitar" (Salmos 5:4). "Deus é um juiz justo, um Deus que manifesta cada dia o seu furor" (Salmos 7:11).

Os pecadores não podem permanecer diante dele. "Os ímpios não resistirão no julgamento, nem os pecadores na comunidade dos justos" (Salmos 1:5). "Os arrogantes não são aceitos na tua presença; odeias todos os que praticam o mal" (Salmos 5:5). "Quem poderá subir o monte do Senhor? Quem poderá entrar no seu Santo Lugar? Aquele que tem as mãos limpas e o coração puro, que não recorre aos ídolos nem jura por deuses falsos" (Salmos 24:3-4).

Mostre-lhes o pecado deles

Certifique-se de ensinar a seus filhos desde a mais tenra idade que o mau comportamento não é meramente uma ofensa contra a mãe e o pai; ele também é um pecado contra um Deus santo, que exige que os filhos obedeçam a seus pais (Êxodo 20:12).

Ajude a educar a consciência de seus filhos, para que eles vejam o próprio mau comportamento como um pecado pelo qual eventualmente terão de responder diante de Deus — e não meramente uma má conduta contra seus pais. Ensine isso a eles com amor e genuína compaixão, não de uma maneira intimidadora.

Ajudar seus filhos a entenderem o próprio pecado não significa criticá-los e menosprezá-los constantemente ou que você deve se recusar a elogiá-los quando agem corretamente. Ouvi falar de pais que ficaram muito irritados com a avó de seu filho, que enquanto balançava o sorridente bebê de seis meses do casal em seu joelho, disse à criança: "Que bom garoto!" Os pais arrancaram o bebê da avó e a repreenderam severamente, acusando-a de ensinar uma "doutrina falsa" ao bebê. Isso é mais do que um exagero.

Ensinar-lhes que são pecadores não significa diminuí-los ou atormentá-los com surras verbais constantes acerca dos erros que cometeram. O objetivo não é esmagar o espírito deles repreendendo-os constantemente. Em vez disso, você precisa instruí-los com ternura, ajudando-os a ver o próprio estado caído diante de Deus. Eles precisam avaliar *por que* são atraídos para o pecado, e com o tempo precisam sentir sua própria necessidade de redenção.

Jesus disse: "Não são os que têm saúde que precisam de médico, mas sim os doentes. Eu não vim para chamar justos, mas pecadores [ao arrependimento]" (Marcos 2:17).

Não tenha medo de ensinar a seus filhos o que a Lei de Deus exige. A Lei e o Evangelho têm propósitos diferentes, é claro. Sabemos que os pecadores não podem ser justificados pelas obras da Lei (ver Gálatas 2:16), mas não conclua que, por essa razão, a Lei não exerce nenhum papel na proclamação do Evangelho. A Lei revela o nosso pecado (ver Romanos 3:20; 7:7) e mostra sua verdadeira natureza pelo que ele é (Romanos 7:13). A Lei é um tutor para nos conduzir a Cristo (ver Gálatas 3:24). Ela é o principal meio que Deus usa para fazer com que os pecadores vejam a própria impotência. Longe de estar fora de lugar na instrução do Evangelho, a Lei e as suas justas exigências marcaram o ponto de partida da apresentação sistemática do Evangelho pelo apóstolo Paulo (ver Romanos 1:16-3:20). Os padrões morais da Lei nos dão o fundamento necessário para a compreensão do que é o pecado.

O pecado é a violação da Lei de Deus. "Todo aquele que pratica o pecado transgride a Lei; de fato, o pecado é a transgressão da Lei" (1João 3:4). "Toda injustiça é pecado" (1João 5:17). "Eu não saberia o que é pecado, a não ser por meio da Lei" (Romanos 7:7).

O pecado é o que torna a verdadeira paz impossível para os incrédulos. "Mas os ímpios são como o mar agitado, incapaz de sossegar e cujas águas expelem lama e lodo. 'Para os ímpios não há paz', diz o meu Deus" (Isaías 57:20-21). "Ai daqueles que planejam maldade" (Miqueias 2:1).

Todos pecaram. "Todos pecaram e estão destituídos da glória de Deus" (Romanos 3:23).

"Como está escrito: Não há nenhum justo, nem um sequer; não há ninguém que entenda, ninguém que busque a Deus. Todos se desviaram, tornaram-se juntamente inúteis; não há ninguém que faça o bem, não há nem um sequer" (Romanos 3:10-12).

O pecado torna o pecador digno de morte. "Aquele que pecar é que morrerá" (Ezequiel 18:4). "O pecado, após ter se consumado, gera a morte" (Tiago 1:15). "O salário do pecado é a morte" (Romanos 6:23).

Os pecadores não podem fazer nada para ganhar a salvação. "Somos como o impuro — todos nós! Todos os nossos atos de justiça são como trapo imundo. Murchamos como folhas, e como o vento as nossas iniquidades nos levam para longe" (Isaías 64:6). "Portanto, ninguém será declarado justo diante dele baseando-se na obediência à Lei" (Romanos 3:20). "Pela prática da Lei ninguém será justificado" (Gálatas 2:16).

Os pecadores não podem mudar a sua própria natureza pecaminosa. "Mesmo que você se lave com soda e com muito sabão, a mancha da sua iniquidade permanecerá diante de mim, diz o Soberano Senhor" (Jeremias 2:22). "Será que o etíope pode mudar a sua pele? Ou o leopardo as suas pintas? Assim também vocês são incapazes de fazer o bem, vocês, que estão acostumados a praticar o mal" (Jeremias 13:23). "Porquanto a inclinação da carne é inimizade contra Deus, pois não é sujeita à Lei de Deus, nem em verdade o pode ser; e os que estão na carne não podem agradar a Deus" (Romanos 8:7-8).

Os pecadores, portanto, estão em um estado de impotência. "O homem está destinado a morrer uma só vez e depois disso enfrentar o juízo" (Hebreus 9:27). "Não há nada escondido que não venha a ser descoberto, ou oculto que não venha a ser conhecido. O que vocês disseram nas trevas será ouvido à luz do dia, e o que vocês sussurraram aos ouvidos dentro de casa será proclamado dos telhados" (Lucas 12:2-3). "Deus julgará os segredos dos homens, mediante Jesus Cristo" (Romanos 2:16). "Mas os covardes, os incrédulos, os depravados, os assassinos, os que cometem imoralidade sexual, os que praticam feitiçaria, os idólatras e todos os mentirosos — o lugar deles será no lago de fogo que arde com enxofre. Esta é a segunda morte" (Apocalipse 21:8).

Instrua-os acerca de Cristo e de sua obra

Ensinar a seus filhos sobre o próprio pecado não é de modo algum um fim em si mesmo. Você também precisa assegurá-los do único remédio para o pecado — Jesus Cristo. Ele é o coração da mensagem do Evangelho, portanto, instruí-los acerca de Jesus Cristo deve ser o foco definitivo e o propósito de *toda* a sua instrução espiritual.

Ele é eternamente Deus. "No princípio era aquele que é a Palavra. Ele estava com Deus, e era Deus. Ele estava com Deus no princípio. Todas as coisas foram feitas por intermédio dele; sem ele, nada do que existe teria sido feito... Aquele que é a Palavra tornou-se carne e viveu entre nós. Vimos a sua glória, glória como do Unigênito vindo do Pai, cheio de graça e de verdade" (João 1:1-3,14). "Pois em Cristo habita corporalmente toda a plenitude da divindade" (Colossenses 2:9).

Ele é Senhor de todos. "[Ele] é o Senhor dos senhores e o Rei dos reis" (Apocalipse 17:14). "Por isso Deus o exaltou à mais alta posição e lhe deu o nome que está acima de todo nome, para que ao nome de Jesus se dobre todo joelho, nos céus, na terra e debaixo da terra, e toda língua confesse que Jesus Cristo é o Senhor, para a glória de Deus Pai" (Filipenses 2:9-11). "[Ele é] Senhor de todos" (Atos 10:36).

Ele se fez homem. "Embora sendo Deus, não considerou que ser igual a Deus era algo a que devia apegar-se; mas esvaziou-se a si mesmo, vindo a ser servo, tornando-se semelhante aos homens" (Filipenses 2:6-7).

Ele é completamente puro e sem pecado. "[Ele], como nós, passou por todo tipo de tentação, porém, sem pecado" (Hebreus 4:15). "Ele não cometeu pecado algum, e nenhum engano foi encontrado em sua boca. Quando insultado, não revidava; quando sofria, não fazia ameaças, mas entregava-se àquele que julga com justiça" (1Pedro 2:22-23). "Ele se manifestou para tirar os nossos pecados, e nele não há pecado" (1João 3:5).

Aquele que não teve pecado se tornou o sacrifício pelo nosso pecado. "Deus tornou pecado por nós aquele que não tinha pecado, para que nele nos tornássemos justiça de Deus" (2Coríntios 5:21). "Ele se entregou por nós a fim de nos remir de toda a maldade e purificar para si mesmo um povo particularmente seu, dedicado à prática de boas obras" (Tito 2:14).

Ele derramou o próprio sangue como expiação pelo pecado. "Nele temos a redenção por meio de seu sangue, o perdão dos pecados, de acordo com as riquezas da graça de Deus" (Efésios 1:7). "Ele nos ama e nos libertou dos nossos pecados por meio do seu sangue" (Apocalipse 1:5).

Ele morreu na cruz para oferecer um caminho de salvação aos pecadores. "Ele mesmo levou em seu corpo os nossos pecados sobre o madeiro, a fim de que morrêssemos para os pecados e vivêssemos para a justiça; por suas feridas vocês foram curados" (1Pedro 2:24). "Foi do agrado de Deus... [que] por meio dele reconciliasse consigo todas as coisas, tanto as que estão na terra quanto as que estão nos céus, estabelecendo a paz pelo seu sangue derramado na cruz" (Colossenses 1:20).

Ele ressuscitou triunfantemente dentre os mortos. Cristo "... mediante o Espírito de santidade foi declarado Filho de Deus com poder, pela sua ressurreição dentre os mortos" (Romanos 1:4). "Ele foi entregue à morte por nossos pecados e ressuscitado para nossa justificação" (Romanos 4:25). "Pois o que primeiramente lhes transmiti foi o que recebi: que Cristo morreu pelos nossos pecados, segundo as Escrituras, foi sepultado e ressuscitou no terceiro dia, segundo as Escrituras" (1Coríntios 15:3-4).

A justiça de Cristo é imputada àqueles que confiam nele. "Vocês estão em Cristo Jesus, o qual se tornou... para nós... justiça" (1Coríntios 1:30). "Para que nele nos tornássemos justiça de Deus" (2Coríntios 5:21). "Àquele que não trabalha, mas confia em Deus, que justifica o ímpio, sua fé lhe é creditada como justiça... Deus credita justiça independente de obras" (Romanos 4:5-6). "Mais do que isso, considero tudo como perda, comparado com a suprema grandeza do conhecimento de Cristo Jesus, meu Senhor, por quem perdi todas as coisas. Eu as considero como esterco para poder ganhar Cristo e ser encontrado nele, não tendo a minha própria justiça que procede da Lei, mas a que vem mediante a fé em Cristo, a justiça que procede de Deus e se baseia na fé" (Filipenses 3:8-9).

Assim ele justifica todos os que confiam nele. "[Somos] justificados gratuitamente por sua graça, por meio da redenção que há em Cristo Jesus" (Romanos 3:24). "Tendo sido, pois, justificados pela fé, temos paz com Deus, por nosso Senhor Jesus Cristo, por meio de quem obtivemos acesso pela fé a esta graça na qual agora estamos firmes; e nos gloriamos na esperança da glória de Deus" (Romanos 5:1-2). "Como agora fomos justificados por seu sangue, muito mais ainda, por meio dele, seremos salvos da ira de Deus!" (v.9). "Sabemos que ninguém é justificado pela prática da Lei, mas mediante a fé em Jesus Cristo" (Gálatas 2:16). "Eu lhes asseguro: Quem ouve a minha palavra e crê naquele que me enviou tem a vida eterna e não será condenado, mas já passou da morte para a vida" (João 5:24).

Diga-lhes o que Deus exige dos pecadores

Deus chama os pecadores ao arrependimento (ver Atos 17:30). O arrependimento genuíno não é a reforma pessoal ou o virar de uma nova folha. É o coração se libertar de tudo que é mau e se voltar para Deus.

É útil enfatizar que o arrependimento acontece quando o coração se volta para Cristo, e não deve ser igualado a qualquer ato externo por parte da criança. Em muitas mentes evangélicas modernas, o ato de orar para convidar Jesus a entrar no coração se tornou praticamente um meio sacramentado de salvação. O mesmo acontece quando se ergue a mão em uma reunião ou se vai à frente do altar. No entanto, esses atos externos não têm eficácia salvadora intrínseca alguma. Todos eles são obras, e obras não podem salvar. A *fé* — uma confiança para a salvação depositada somente em Cristo — é o único instrumento de nossa justificação, de acordo com a Bíblia. "Pois vocês são salvos pela graça, por meio da fé, e isto não vem de vocês, é dom de Deus; não por obras, para que ninguém se glorie" (Efésios 2:8-9).

Se você usar metáforas para esclarecer alguns aspectos do Evangelho para as crianças, certifique-se de distinguir com cuidado a metáfora da realidade. Quando usamos imagens vívidas, como descrever corações pecaminosos escuros ou sujos pelo pecado, ou quando encorajamos as crianças a pensarem em Jesus batendo na porta do coração delas, elas tendem a fazer uma interpretação muito literal do que lhes é dito. Essas palavras em forma de imagens, se não forem cuidadosamente explicadas, podem realmente ser um impedimento, em vez de uma ajuda, à compreensão do Evangelho.[2] Se a criança sair pensando em termos literais que Jesus está de pé junto à porta do coração, esperando um convite para fixar residência nele, falhamos em tornar o Evangelho claro.

É melhor evitar todas essas ênfases em atos externos e continuar focando a reação que a Bíblia requer dos pecadores.

Arrependa-se. "Pois não me agrada a morte de ninguém. Palavra do Soberano, o Senhor. Arrependam-se e vivam!" (Ezequiel 18:32).

"Arrependam-se, pois, e voltem-se para Deus, para que os seus pecados sejam cancelados" (Atos 3:19). "Deus... ordena que todos, em todo lugar, se arrependam" (Atos 17:30). "Preguei em primeiro lugar aos que estavam em Damasco, depois aos que estavam em Jerusalém e em toda a Judeia, e também aos gentios, dizendo que se arrependessem e se voltassem para Deus, praticando obras que mostrassem o seu arrependimento" (Atos 26:20). Esse versículo não fala de obras meritórias, mas indica que o fruto inevitável do verdadeiro arrependimento é uma vida transformada (ver Mateus 3:7-8).

Desvie o seu coração de tudo que desonra Deus. "Vocês... se voltaram para Deus, deixando os ídolos a fim de servir ao Deus vivo e verdadeiro" (1Tessalonicenses 1:9). "Arrependa-se! Desvie-se dos seus ídolos e renuncie a todas as práticas detestáveis!" (Ezequiel 14:6). "Que o ímpio abandone o seu caminho, e o homem mau, os seus pensamentos. Volte-se ele para o Senhor." (Isaías 55:7).

Siga Jesus. "Se alguém quiser acompanhar-me, negue-se a si mesmo, tome diariamente a sua cruz e siga-me" (Lucas 9:23). "Ninguém que põe a mão no arado e olha para trás é apto para o Reino de Deus" (v. 62). "Quem me serve precisa seguir-me; e, onde estou, o meu servo também estará. Aquele que me serve, meu Pai o honrará" (João 12:26). "Vocês serão meus amigos, se fizerem o que eu lhes ordeno" (João 15:14).

Confie nele como Senhor e Salvador. "Creia no Senhor Jesus, e serão salvos, você e os de sua casa" (Atos 16:31). "Se você confessar com a sua boca que Jesus é Senhor e crer em seu coração que Deus o ressuscitou dentre os mortos, será salvo" (Romanos 10:9).

Advirta-os para calcularem o custo com ponderação

Não subestime as exigências elevadas de Cristo. Não retrate a vida cristã como uma vida de facilidades, livre de dificuldades e dilemas. Continue lembrando aos seus filhos que o verdadeiro preço de seguir Cristo sempre envolve sacrifícios, e que o prelúdio para a glória é o sofrimento. É verdade que Cristo oferece a água da vida livremente a todos os que a queiram receber (ver Apocalipse 22:17). Mas aqueles que o fazem estão assumindo um compromisso incondicional de segui-lo, o qual poderá literalmente custar-lhes as próprias vidas.

Eis por que todas as verdades centrais do Evangelho estão focadas na cruz: ela revela o quanto nosso pecado é desprezível. Ela mostra a intensidade da ira de Deus contra o pecado. Ela revela o grande amor de Deus ao pagar um preço tão alto pela redenção. Mas ela também serve como uma metáfora apropriada do custo de seguirmos Cristo. O próprio Jesus falou da cruz repetidas vezes.

A.W. Tozer escreveu:

A cruz sempre atinge os seus propósitos. Ela vence derrotando o seu oponente e impondo a sua vontade sobre ele. Ela sempre domina. Ela nunca cede, nunca abre mão de um ponto em nome da paz. Não se importa com a paz; ela só se importa em dar fim à oposição o mais depressa possível.

Tendo perfeito conhecimento de tudo isso, Cristo disse: "Se alguém quiser vir após mim, negue-se a si mesmo, tome a sua cruz, e siga-me." Então a cruz não apenas traz a vida de Cristo a um fim, mas ela também põe fim à primeira vida, à velha vida, de cada um de seus verdadeiros seguidores. Ela destrói o velho padrão, o padrão de Adão, na vida do crente, e põe fim a ele. Então o Deus que ressuscitou Cristo dentre os mortos ressuscita o crente e uma nova vida tem início.

Isto, e nada menos do que isto, é o verdadeiro cristianismo.

Precisamos fazer alguma coisa acerca da cruz, e só podemos fazer uma entre duas coisas — fugir dela ou morrer sobre ela.[3]

Jesus afirmava seguidamente que o custo de segui-lo envolve a disposição de sacrificar tudo.

Tome a sua cruz. "... vem, toma a cruz, e segue-me" (Marcos 10:21, ACF). "Se alguém quiser acompanhar-me, negue-se a si mesmo, tome a sua cruz e siga-me. Pois quem quiser salvar a sua vida, a perderá, mas quem perder a vida por minha causa e pelo evangelho, a salvará. Pois, que adianta ao homem ganhar o mundo inteiro e perder a sua alma? Ou, o que o homem poderia dar em troca de sua alma?" (Marcos 8:34-37) *Esteja preparado para seguir Cristo ainda que até a morte.*

Digo-lhes verdadeiramente que, se o grão de trigo não cair na terra e não morrer, continuará ele só. Mas se morrer, dará muito fruto. Aquele que ama a sua vida, a perderá; ao passo que aquele que odeia a sua vida neste mundo, a conservará para a vida eterna (João 12:24-25).

Se alguém vem a mim e ama o seu pai, sua mãe, sua mulher, seus filhos, seus irmãos e irmãs, e até sua própria vida mais do que a mim, não pode ser meu discípulo. E aquele que não carrega sua cruz e não me segue não pode ser meu discípulo. "Qual de vocês, se quiser construir uma torre, primeiro não se assenta e calcula o preço, para ver se tem dinheiro suficiente para completá-la? Pois, se lançar o alicerce e não for capaz de terminá-la, todos os que a virem rirão dele, dizendo: 'Este homem começou a construir e não foi capaz de terminar'. "Ou, qual é o rei que, pretendendo sair à guerra contra outro rei, primeiro não se assenta e pensa se com dez mil homens é capaz de enfrentar aquele que vem contra ele com vinte mil? Se não for capaz, enviará uma delegação, enquanto o outro ainda está longe, e pedirá um acordo de paz. Da mesma forma, qualquer de vocês que não renunciar a tudo o que possui não pode ser meu discípulo (Lucas 14:26-33).

Não pensem que vim trazer paz à terra; não vim trazer paz, mas espada. Pois vim para fazer que 'o homem fique contra seu pai, a filha contra sua mãe, a nora contra sua sogra; os inimigos do homem serão os da sua própria família'. "Quem ama seu pai ou sua mãe mais do que a mim não é digno de mim; quem ama seu filho ou sua filha mais do que a mim não é digno de mim; e quem não toma a sua cruz e não me segue, não é digno de mim. (Mateus 10:34-38).

Incentive-os a confiar em Cristo

A regeneração é a obra do Espírito Santo no coração, e é importante que os pais não empreguem meios artificiais ou pressão externa para coagir a criança a uma profissão de fé superficial. Não obstante, há uma urgência inerente na própria mensagem do Evangelho, e é necessário que os pais a imprimam no coração da criança.

"Uma vez que conhecemos o temor ao Senhor, procuramos persuadir os homens..." (2Coríntios 5:11). "Deus nos reconciliou consigo mesmo por Cristo, e nos confiou o ministério da reconciliação; pois que Deus estava em Cristo reconciliando consigo o mundo, não imputando aos homens as suas transgressões; e nos encarregou da palavra da reconciliação. De sorte que somos embaixadores por Cristo, como se Deus por nós vos exortasse. Rogamo-vos, pois, por Cristo que vos reconcilieis com Deus" (2Coríntios 5:18-20).

"Buscai ao Senhor enquanto se pode achar, invocai-o enquanto está perto. Deixe o ímpio o seu caminho, e o homem maligno os seus pensamentos; volte-se ao Senhor, que se compadecerá dele; e para o nosso Deus, porque é generoso em perdoar" (Isaías 55:6-7).

ENSINE SEUS FILHOS COM PERSISTÊNCIA

Alguns pais olharão para um panorama como esse e se sentirão completamente desqualificados para ensinar tantas coisas, assim como para lidar com as perguntas inevitáveis que as crianças fazem. Acrescente-se o requisito essencial (que abordaremos nos capítulos seguintes) de que o caráter e a conduta dos pais devem ser compatíveis com o que ensinam, e não há dúvida de que cumprir as determinações de Deuteronômio 6:6-7 é uma tarefa grandiosa. Coitados dos pais que são indiferentes a essa tarefa e a acompanham de forma desinteressada.

Dê mais uma olhada em Deuteronômio 6:6-7: "Que todas estas palavras que hoje lhe ordeno estejam em seu coração. Ensine-as com *persistência* a seus filhos. Converse sobre elas quando estiver sentado em casa, quando estiver andando pelo caminho, quando se deitar e quando se levantar" (grifo do autor). A persistência é absolutamente essencial para o que Deus requer dos pais.

Isso significa que se você pensa que a sua maneira de entender a verdade espiritual é insuficiente para ensinar os preceitos de Deus aos seus filhos, seria melhor você começar a aprendê-los imediatamente. Deus o considera responsável como *cristão*, e não meramente como *pai* ou *mãe*, por ter conhecimento suficiente das bases elementares do Evangelho para que possa transmiti-las aos outros (ver Hebreus 5:12). Um dos seus deveres básicos como cristão é ensinar e advertir seus irmãos crentes (ver Colossenses 3:16). Outro dever essencial é ensinar aos incrédulos a verdade do Evangelho (ver Mateus 28:19-20). Se sua compreensão da verdade espiritual é tal que você teme ser incapaz de ensiná-la até aos seus próprios filhos, isso pode significar que você não tem sido cuidadoso em cumprir algumas de suas responsabilidades mais básicas como cristão — a não ser que você seja um recém-convertido. Mas quer você seja um bebê em Cristo, quer alguém que tem sido indiferente, é seu dever começar agora a estudar para se mostrar aprovado diante de Deus, para que você possa ser obediente tanto como pai ou mãe quanto como cristão. Isso requer muita persistência.

Mais uma vez, enfatizamos que criar filhos não é tão complexo como muitas pessoas imaginam. Mas também não é uma tarefa *fácil*. As exigências que pesam sobre os pais são constantes. Não há tempo para se recostar e descansar. A tarefa de *ensinar* é uma ocupação interminável, em tempo integral. Há muito para se ensinar, assim como um suprimento interminável de oportunidades. Certifique-se de extrair o máximo dessas oportunidades.

Capítulo 4
Ensinando sabedoria a seus filhos

O filho sábio dá alegria ao pai; o filho tolo dá tristeza à mãe.

— Provérbios 10:1

O FATO DE ENSINAR O EVANGELHO aos filhos de modo algum exime os pais da responsabilidade de educá-los para as questões não religiosas da vida. Igualmente associado ao princípio de Deuteronômio 6:6-7 está o dever de ensinar a nossos filhos a sabedoria para a vida. O Evangelho é o ponto de partida necessário, porque "o temor do Senhor é o *princípio* da sabedoria" (Provérbios 9:10, grifo do autor). Ninguém que rejeita ou desconsidera a mensagem do Evangelho é verdadeiramente sábio.

Entretanto, além das verdades básicas do Evangelho, há muitas lições bíblicas vitais sobre caráter, integridade, justiça, prudência, discernimento e todas as questões práticas da vida. Os pais são encarregados do dever de criar cuidadosamente seus filhos com a sabedoria divina em todos esses assuntos.

O livro de Provérbios, no Antigo Testamento, é um resumo inspirado dessa sabedoria prática. Os ditados registrados nele foram reunidos por Salomão e dedicados a seu filho. A maioria deles na verdade foi escrita por Salomão, mas alguns são provérbios coletados pelo rei de outras pessoas. A mais alta sabedoria de diversos sábios antigos está então compilada no livro de Provérbios de Salomão, com o selo da inspiração divina garantindo que cada ditado é "útil para o ensino, para a repreensão, para a correção e para a instrução na justiça" (2Timóteo 3:16).

Nesse sentido, Provérbios é um livro educativo apropriado para pais e mães — principalmente para os pais — ensinarem a seus filhos a espécie de sabedoria prática necessária para se alcançar a prosperidade. É um livro inspirador do pai mais sábio que já viveu, um compêndio vital da sabedoria prática que *todos* os pais precisam transmitir a seus filhos.

Salomão inclui uma advertência ao próprio filho nos versículos de abertura: "Ouça, meu filho, a instrução de seu pai e não despreze o ensino de sua mãe. Eles serão um enfeite para a sua cabeça, um adorno para o seu pescoço" (Provérbios 1:8-9). Advertências semelhantes são repetidas em outro trecho do livro de Provérbios: "Meu filho, se você aceitar as minhas palavras e guardar no coração os meus mandamentos" (2:1); "Meu filho, não se esqueça da minha Lei, mas guarde no coração os meus mandamentos" (3:1); "Ouçam, meus filhos, a instrução de um pai; estejam atentos, e obterão discernimento" (4:1); "Ouça, meu filho, e aceite o que digo, e você terá vida longa" (4:10); "Meu filho, escute o que lhe digo; preste atenção às minhas palavras" (4:20); "Meu filho, dê atenção à minha sabedoria, incline os ouvidos para perceber o meu discernimento" (5:1). "Meu filho, obedeça aos mandamentos de seu pai e não abandone o ensino de sua mãe" (6:20); "Meu filho, obedeça às minhas palavras e no íntimo guarde os meus mandamentos" (7:1); e muitos outros versículos ao longo do livro. Essas foram as advertências afetuosas de Salomão a seu filho, incentivando-o a dar ouvidos atentamente a essas lições sobre a vida.

Essas advertências também se aplicam a nossos filhos, e se esperamos ser bem-sucedidos em nosso ensino nós também precisamos dominar a sabedoria da Bíblia e viver consistentemente, de modo que esses princípios sejam refletidos em nosso caráter.

A história de Salomão em si é uma lição objetiva sobre os perigos de uma vida inconsistente. Salomão foi, em termos intelectuais, o homem mais sábio que já viveu. A Bíblia diz em 1Reis 4:29-31 a respeito dele: "Deus deu a Salomão sabedoria, discernimento extraordinário e uma abrangência de conhecimento tão imensurável quanto a areia do mar. A sabedoria de Salomão era maior do que a de todos os homens do oriente, bem como de toda a sabedoria do Egito. Ele era mais sábio do que qualquer outro homem." O próprio Deus disse a respeito de Salomão: "Eu lhe darei um coração sábio e capaz de discernir, de modo que nunca houve nem haverá ninguém como você" (1Reis 3:12).

Portanto, não havia qualquer deficiência no *conteúdo* da instrução de Salomão a seu filho. No entanto, ele fracassou em dar o *exemplo* — e terrivelmente. Por exemplo, Salomão incluiu diversas advertências sobre os perigos de ser seduzido pelo tipo errado de mulheres (Provérbios 2:16-19; 5:3-13,20; 6:23-29; 7:5-27; 22:14; 31:30). No entanto, a Bíblia diz o seguinte sobre sua vida: "O rei Salomão amou muitas mulheres estrangeiras, além da filha do faraó. Eram mulheres moabitas, amonitas, edomitas, sidônias e hititas. Elas eram das nações sobre as quais o Senhor tinha dito aos israelitas: 'Vocês não poderão tomar mulheres dentre essas nações, porque elas os farão desviar-se para seguir os seus deuses'. No entanto, Salomão apegou-se amorosamente a elas" (1Reis 11:1-2).

E em parte por causa do fracasso de Salomão em viver de acordo com a sabedoria que Deus lhe havia dado, seu filho Roboão rejeitou os ensinamentos de seu pai (1Reis 12:6-11).

De nada adianta ensinar a nossos filhos uma sabedoria profunda e depois levar uma vida que contradiz o que estamos pregando. Na verdade, não pode haver forma mais eficiente de estimulá-los a desprezarem e descartarem a sabedoria do Senhor do que agir desse modo. O preço da hipocrisia é insuportavelmente alto.

No caso de Salomão, esse tipo de hipocrisia não apenas fez com que seu filho fracassasse, mas também dividiu toda a nação israelita e gerou uma apostasia da qual Israel nunca se recuperou. A Bíblia nos diz:

O Senhor irou-se contra Salomão por ter-se desviado do Senhor, o Deus de Israel, que lhe havia aparecido duas vezes. Embora ele tivesse proibido Salomão de seguir outros deuses, Salomão não obedeceu à ordem do Senhor. Então o Senhor disse a Salomão: "Já que essa é a sua atitude e você não obedeceu à minha aliança e aos meus decretos, os quais lhe ordenei, certamente lhe tirarei o reino e o darei a um dos seus servos. No entanto, por amor a Davi, seu pai, não farei isso enquanto você viver. Eu o tirarei da mão do seu filho. Mas, não tirarei dele o reino inteiro, eu lhe darei uma tribo por amor de Davi, meu servo, e por amor de Jerusalém, a cidade que escolhi" (1Reis 11:9-13).

As *instruções* de Salomão para seu filho foram profundas e sábias, mas o *exemplo* que ele deu anulou seus conselhos. Sua vida era incompatível com seus ensinamentos. E não existe erro maior que um pai ou mãe possa cometer.

UMA INTRODUÇÃO À SABEDORIA DE SALOMÃO

Um provérbio é um princípio sábio declarado em termos concisos e geralmente poéticos. Sua forma sucinta tem um propósito: ele é um dispositivo mnemônico, tornando a sabedoria do provérbio fácil de reter.

Como observamos no capítulo 1, os ditados de Provérbios devem ser vistos como *truísmos* ou frases de efeito, não como *promessas* invioláveis. Por exemplo, muitos versículos de Provérbios sugerem que a calamidade pertence aos maus e a prosperidade, aos justos. Provérbios 11:8 diz: "O justo é salvo das tribulações, e estas são transferidas para o ímpio." Isso geralmente é verdade, mas certamente não é uma regra sem exceções. Sabemos que os maus *realmente* prosperam às vezes (ver Salmos 73:3; Jeremias 12:1), e que os problemas às vezes *acontecem* com os justos (ver 2Tessalonicenses 1:4-7). "Nesta vida sem sentido eu já vi de tudo: um justo que morreu apesar da sua justiça, e um ímpio que teve vida longa apesar da sua impiedade" (Eclesiastes 7:15). Portanto, o truísmo de Provérbios 11:8 não se destina a ser uma promessa que pode ser reivindicada em todas as situações.

Entretanto, geralmente *é* verdade que a prosperidade pertence aos justos, e que os problemas sucedem aos maus. Seja qual for a prosperidade que os maus desfrutem e sejam quais forem os sofrimentos que os justos precisem suportar, eles são sempre temporários. Assim, a sabedoria que o provérbio transmite certamente é profunda. O mau comportamento é uma loucura completa e a justiça é superior à maldade, até mesmo de um ponto de vista *prático*. *Essa* é a lição que Salomão procurou ensinar a seu filho.

Observe como a profundidade da sabedoria de Salomão está em enorme contraste com a maioria dos conselhos dos pais de hoje. Muito do material moderno, inclusive alguns rotulados de "cristãos", são assustadoramente triviais se comparados com a sabedoria que Salomão procurou transmitir a seu filho. Atualmente, o conselho típico para os pais é: "Seja companheiro de seu filho. Leve-o a lugares.

Ensine a ele um esporte. Leve-o a um jogo. Divirta-se fazendo coisas de 'homem' com ele." Ou: "Elogie sua filha. Observe como ela se veste e encontre algo para elogiar. Demonstre afeto por ela. Tenha noites especiais para levá-la para sair. Seja sensível a seus altos e baixos emocionais. Ouça-a." E daí por diante. Essas sugestões podem ser úteis em certo nível, mas você pode concentrar suas energias em *todas* essas coisas e ainda assim falhar em ensinar a seus filhos a sabedoria de Deus. Se isso acontecer, você não terá êxito como pai ou mãe.

Além do mais, se você concentrar suas energias em coisas triviais, você criará filhos superficiais que depositam seus afetos em coisas triviais. Dedique suas energias a transmitir ensinamentos profundos e criará filhos de caráter profundo que amam a sabedoria. A verdadeira sabedoria para a vida é o presente mais valioso que os pais podem dar aos filhos — certamente superior a qualquer legado material. E que lugar melhor para buscar sabedoria para ensinar a seus filhos do que um livro inspirado e escrito exatamente com esse propósito?

A sabedoria é o tema que permeia o Livro de Provérbios. A palavra *sabedoria* está presente em todo o livro. Às vezes são usados sinônimos (ou quase sinônimos) como *instrução*, *entendimento* ou *critério*. Todas essas palavras são simplesmente elementos da verdadeira sabedoria. Saber, entender, ser instruído e ter critério é agir com sabedoria. Observe com atenção que a verdadeira sabedoria inclui não simplesmente o conteúdo intelectual, mas a conduta prática também. A sabedoria engloba não apenas o que *sabemos*, mas também o que *fazemos* e às vezes o que *não fazemos*. "O sábio é cauteloso e evita o mal" (14:16). "Quando são muitas as palavras, o pecado está presente, mas quem controla a língua é sensato" (10:19). "Aquele que conquista almas é sábio" (12:15). Salomão costumava fazer sempre a conexão entre a sabedoria e a conduta justa. Infelizmente, ele não permaneceu fiel a esse princípio em sua vida.

No fim das contas, o que é *feito* é tão vital para a verdadeira sabedoria quanto o que é *dito*. Em suma, a verdadeira sabedoria bíblica envolve viver uma vida justa. E, como pais, é nosso dever não apenas ensinar a nossos filhos e filhas os conceitos de um viver sábio, mas também ser um exemplo de sabedoria para eles, a fim de que eles possam entender que essa sabedoria é a busca mais nobre e genuína de todas.

A PERSONIFICAÇÃO DA SABEDORIA

Em Provérbios 1:20-21 a sabedoria é personificada: "A sabedoria clama em alta voz nas ruas, ergue a voz nas praças públicas; nas esquinas das ruas barulhentas ela clama, nas portas da cidade faz o seu discurso." O que ela está clamando? Ela está chamando os de mente simples para deixarem de ser ingênuos. Está chamando os escarnecedores e os tolos para se voltarem para ela (ver v. 22).

Todo o livro de Provérbios ecoa esse chamado à sabedoria. No capítulo 2, versículos 1 a 6, a voz do pai encoraja seu filho a buscar a sabedoria:

Meu filho, se você aceitar as minhas palavras e guardar no coração os meus mandamentos; se der ouvidos à sabedoria e inclinar o coração para o discernimento; se clamar por entendimento e por discernimento gritar bem alto, se procurar a sabedoria como se procura a prata e buscá-la como quem busca um tesouro escondido, então você entenderá o que é temer o Senhor e achará o conhecimento de Deus. Pois o Senhor é quem dá sabedoria; de sua boca procedem o conhecimento e o discernimento.

O principal apelo do pai a seu filho é este: "Busque a sabedoria."

Todo o capítulo 8 é sobre a busca da sabedoria. O versículo 11 diz: "Pois a sabedoria é mais preciosa do que rubis; nada do que vocês possam desejar compara-se a ela." Então a sabedoria personificada fala novamente:

Eu, a sabedoria, moro com a prudência, e tenho o conhecimento que vem do bom senso. Temer o Senhor é odiar o mal; odeio o orgulho e a arrogância, o mau comportamento e o falar perverso. Meu é o conselho sensato; a mim pertencem o entendimento e o poder. Por meu intermédio os reis governam, e as autoridades exercem a justiça; também por meu intermédio governam os nobres, todos os juízes da terra. Amo os que me amam, e quem me procura me encontra. Comigo estão riquezas e honra, prosperidade e justiça duradouras. Meu fruto é melhor do que o ouro, do que o ouro puro; o que ofereço é superior à prata escolhida. Ando pelo caminho da retidão, pelas veredas da justiça, concedendo riqueza aos que me amam e enchendo os seus tesouros. (Provérbios 8:12-21).

Os versículos posteriores possuem uma conotação evidente que identifica *Cristo* como a verdadeira personificação de toda sabedoria:

O Senhor me criou como o princípio de seu caminho, antes das suas obras mais antigas; fui formada desde a eternidade, desde o princípio, antes de existir a terra. Nasci quando ainda não havia abismos, quando não existiam fontes de águas; antes de serem estabelecidos os montes e de existirem colinas eu nasci. Ele ainda não havia feito a terra, nem os campos, nem o pó com o qual formou o mundo. Quando ele estabeleceu os céus, lá estava eu; quando traçou o horizonte sobre a superfície do abismo, quando colocou as nuvens em cima e estabeleceu as fontes do abismo, quando determinou as fronteiras do mar para que as águas não violassem a sua ordem, quando marcou os limites dos alicerces da terra, eu estava ao seu lado, e era o seu arquiteto; dia a dia eu era o seu prazer e me alegrava continuamente com a sua presença. (Provérbios 8:22-30)

Assim, Cristo personifica e incorpora toda a autêntica sabedoria. Ele é a soma de toda sabedoria. "Nele estão escondidos todos os tesouros da sabedoria e do conhecimento" (Colossenses 2:3). Então vemos novamente que a tarefa de ensino dos pais se resume a ensinar nossos filhos sobre Cristo. Quer estejamos ensinando-lhes o Evangelho ou a sabedoria para a vida em geral, o foco adequado de toda a nossa instrução é Cristo.

LIÇÕES FUNDAMENTAIS PARA A VIDA

Obviamente, não é possível fazer um estudo completo de toda a sabedoria de Provérbios, tamanha a dimensão do livro. Por isso, selecionei dez princípios presentes no livro que são o tipo de lição que os pais devem transmitir a seus filhos. Esses ensinamentos constituem um começo significativo, e os pais podem extrair deles uma metodologia para estudar e aplicar os preceitos de Provérbios, produzindo muitas outras lições sobre sabedoria.

Se seus filhos aprenderem essas lições, serão mais capazes de ser uma bênção para você, sendo abençoados por Deus. Observe, também, à medida que percorrermos esses princípios, o quanto a sabedoria prática e a sabedoria espiritual estão sempre intimamente ligadas.

Ensine seus filhos a temerem o Deus deles

Provérbios 1:7 diz: "O temor do Senhor é o princípio da sabedoria." Provérbios 9:10 repete o tema: "O temor do Senhor é o princípio da sabedoria, e o conhecimento do Santo é entendimento." Mais uma vez, vemos que toda sabedoria genuína começa com o temor a Deus. O temor ao Senhor é o único fundamento verdadeiro da sabedoria que precisamos ensinar a nossos filhos.

A essa altura, esse já é um ponto conhecido. Nós o citamos repetidas vezes ao longo dos capítulos iniciais deste livro. Em certo sentido, ele foi o tema principal dos capítulos 2 e 3. Portanto, pode começar a parecer redundante citá-lo novamente, mas a própria Bíblia o enfatiza muitas vezes. Os pais que *deixam esse ponto passar* não têm desculpas. Criar filhos com êxito começa literalmente plantando um temor adequado a Deus neles.

Mencionei brevemente no capítulo 3 que o temor ao Senhor não tem nada a ver com covardia ou medo. Não é uma fobia. Não é o tipo de temor que vê Deus como um ser cruel. Não há traço de aversão ou inimizade no verdadeiro temor a Deus.

Esse temor tem dois aspectos. O primeiro é a *reverência*. É um assombro sagrado diante da completa santidade de Deus. Ele envolve o tipo de respeito e veneração que resulta em temor na presença de uma majestade tão absoluta.

O segundo aspecto é o *temor de desagradar a Deus*. A fé genuína reconhece o direito de Deus de castigar, de punir e de julgar. Portanto, na presença de Deus, a verdadeira sabedoria treme, com um senso santo e saudável de terror e apreensão. *Temor* é a palavra certa para isso. Quanto mais profundo for nosso senso de culpa, mais profundo deve ser nosso temor de desagradar a Deus.

Quando você ensinar a seus filhos a respeito de Deus, certifique-se de dar a eles uma visão completa de *todos* os atributos dele. Os filhos precisam saber, desde a idade mais tenra, que Deus está irado com os maus e que *punirá* os malfeitores (ver Salmos 7:11-13). Os materiais destinados às crianças pequenas apresentam com frequência apenas os atributos gentis, mansos e conciliadores de Deus. Ele é retratado como um ser sempre benigno, tal como um avô — um deus insípido, feito pelo homem, mais como Papai Noel que como o Deus das Escrituras. Esse é um erro muito sério, e acredito que ele é responsável pela atitude descuidada que tantas pessoas em nossa sociedade têm em relação a Deus. Elas supõem erroneamente que, seja qual for a Sua natureza, ele no fim das contas será inofensivo e gentil, até mesmo com aqueles que lhe desobedeceram. Essa é a impressão que muitas crianças extraem da lição típica da escola dominical. Mas esse não é o Deus da Bíblia. Tome cuidado para não ensinar a seus filhos uma visão tão errada de Deus.

Há um sentido verdadeiro a partir do qual você deve ensinar seus filhos a temerem a Deus, e, principalmente, a temerem desagradá-lo. Não pense que você está cumprindo as responsabilidades da paternidade simplesmente quando faz seu filho se submeter a você. Se você for coerente e firme em sua disciplina, seu filho poderá obedecer-lhe porque teme violar seus padrões. Essa é uma reação bastante fácil de conseguir, mas *não é* o objetivo adequado na criação dos filhos. Seu filho deve temer transgredir os padrões de *Deus*, não meramente os seus. Você é apenas um intermediário com a responsabilidade de ensinar seu filho a temer *Deus*. Se seus filhos crescerem temendo apenas desagradar a *você*, mas não a Deus, o que eles farão quando você não estiver presente?

Seus filhos precisam crescer com a consciência de que quando eles agirem mal, isso não irrita apenas a mamãe; isso não apenas vai contra o papai; isso não causa apenas perturbação na família. Quando eles desobedecem, eles se colocam contra um Deus santo que pune aqueles que transgridem seus princípios justos.

O meu objetivo como pai não foi meramente fazer com que meus filhos temessem ser castigados pelo papai. Eu quis que eles temessem ser castigados pelo Deus deles. Desejei que eles também temessem *minha* disciplina, é claro, mas isso foi incidental. Eu sabia que não poderia estar sempre por perto para mantê-los responsáveis, mas que Deus estaria. E as consequências de transgredirem a vontade de Deus são infinitamente maiores que qualquer desobediência no nível humano. Infelizmente, poucas crianças hoje crescem com essa consciência. Elas não são mais ensinadas a temer Deus, e isso é evidente em todas as áreas da sociedade.

Desde a idade mais tenra, ensine seus filhos que o pecado é uma ofensa capital contra um Deus santo. Ensine-lhes que de Deus não se zomba, e que eles colherão as consequências amargas de todo pecado que semearem. Plante neles um temor saudável de Deus. Sem esse tipo de temor, o arrependimento genuíno não é sequer possível.

Além do mais, quando seus filhos temerem Deus, eles também irão temer o pecado. Esse certamente é um temor saudável a ser cultivado. Isso lhes poupará muito sofrimento na vida ao mantê-los longe do mal (ver Provérbios 16:6).

Isso também pode literalmente prolongar a vida deles. Provérbios 10:27 diz: "O temor do Senhor prolonga a vida, mas a vida do ímpio é abreviada." Você quer dar a seu filho uma vida abundante e plena? Ensine-lhes o temor do Senhor. "O temor do Senhor é fonte de vida, e afasta das armadilhas da morte" (14:27). "O temor do Senhor conduz à vida: quem o teme pode descansar em paz, livre de problemas" (19:23).

Temer o Senhor é mais proveitoso do que as riquezas. "É melhor ter pouco com o temor do Senhor, do que grande riqueza com inquietação" (15:16).

"Aquele que teme ao Senhor possui uma fortaleza segura, refúgio para os seus filhos" (14:26).

Ensine seus filhos a protegerem suas mentes

Este é um princípio que os pais precisam enfatizar mais do que nunca, principalmente na era da internet: ensine seus filhos a protegeram suas mentes. Provérbios 4:23 diz: "Acima de tudo, guarde o seu coração, pois dele depende toda a sua vida." A Bíblia fala do "coração" como a sede tanto das emoções quanto do intelecto. Em geral, a palavra é usada como um sinônimo para mente. "Como ele *pensa* em seu coração, assim ele é" (23:7, versão AMP, grifo do autor).

Nossos filhos precisam aprender a proteger suas mentes com diligência. Nunca na história humana as forças do mal fizeram uma campanha para capturar a mente humana na escala que vemos hoje. Como pais, somos parcialmente responsáveis por proteger a mente de nossos filhos. O ataque ao pensamento cristão vem de diversas frentes: televisão, rádio, cinema, música, internet — e hoje em dia até do currículo escolar. Assim, a tarefa dos pais é realmente imensa.

Os pais podem e devem proteger os filhos da exposição aos aspectos mais desagradáveis do entretenimento e da mídia modernos. Monitore o que eles veem e ouvem. Não os deixe simplesmente soltos na internet.

Não entregue a eles o controle remoto da televisão e saia da sala. Não há problema em permitir que eles tenham certa autonomia quanto ao que vão assistir e ouvir, mas não deixe que eles façam essas escolhas totalmente livres de supervisão. Você tem o direito e a responsabilidade de ajudar a direcioná-los para o que edifica e para longe do que não edifica. Sempre incentivo os pais a estabelecerem padrões elevados nessa área, não permitindo que os filhos se exponham a qualquer filme, música e programa indiscriminadamente, ou a qualquer outra coisa que tem como alvo promover maus pensamentos ou alimentar apetites malignos. Todas essas escolhas precisam ser feitas com a orientação dos pais, e com a máxima cautela. O salmista escreveu: "Não porei coisa torpe diante dos meus olhos" (Salmos 101:3, AA).

Por outro lado, como mencionei no capítulo 2, o isolamento total não é uma solução. Nenhum nível de isolamento pode manter o coração de seus filhos livre de qualquer tipo de contaminação, porque, como criaturas caídas, eles carregam dentro de si desejos e pensamentos pecaminosos, assim como você. Atualmente, até os cartazes em vias públicas transmitem mensagens destinadas a atiçar as espécies mais vis de apetites carnais.

Entenda, também, que você não pode ensinar seus filhos a protegerem seu coração simplesmente tentando protegê-los das influências malignas externas. Também é preciso criá-los para serem sábios e para terem discernimento. Você precisa ensinar-lhes a cultivar pensamentos saudáveis. Como o apóstolo Paulo escreveu aos Filipenses: "Finalmente, irmãos, tudo o que for verdadeiro, tudo o que for nobre, tudo o que for correto, tudo o que for puro, tudo o que for amável, tudo o que for de boa fama, se houver algo de excelente ou digno de louvor, pensem nessas coisas" (Filipenses 4:8).

De nossos pensamentos vem nossa conduta. Foi isso que Jesus quis dizer quando disse: "O que sai do homem é que o torna impuro. Pois do interior do coração dos homens vêm os maus pensamentos, as imoralidades sexuais, os roubos, os homicídios, os adultérios, as cobiças, as maldades, o engano, a devassidão, a inveja, a calúnia, a arrogância e a insensatez. Todos esses males vêm de dentro do homem e o tornam impuro" (Marcos 7:20-23).

Nosso verdadeiro caráter, portanto, é definido pelo que pensamos, não pela maneira como parecemos aos olhos dos outros, pelo que dizemos ou mesmo pela maneira como nos comportamos. O teste de caráter mais verdadeiro é sua atividade mental. Como um homem pensa em seu coração, assim ele é (ver Provérbios 23:7).

Portanto, os pais têm a tarefa de ajudar a programar a mente de seus filhos com a verdade, a bondade, a fidelidade, a honestidade, a integridade, a lealdade, o amor e todas as outras virtudes. Tudo isso faz parte de ensinarmos nossos filhos a protegeram seus pensamentos.

Ensine seus filhos a obedecer aos pais

O primeiro apelo direto que Salomão faz a seu filho no livro de Provérbios foi este: "Ouça, meu filho, a instrução de seu pai e não despreze o ensino de sua mãe" (1:8). O mesmo tema percorre todo o livro. No capítulo 4, ele escreve:

Ouçam, meus filhos, a instrução de um pai; estejam atentos, e obterão discernimento. O ensino que lhes ofereço é bom; por isso não abandonem a minha instrução. Quando eu era menino, ainda pequeno, em companhia de meu pai, um filho muito especial para minha mãe, ele me ensinava e me dizia: Apegue-se às minhas palavras de todo o coração; obedeça aos meus mandamentos, e você terá vida. (Provérbios 4:1-4)

Então, ele retoma o mesmo tema dois capítulos depois:

Meu filho, obedeça aos mandamentos de seu pai e não abandone o ensino de sua mãe. Amarre-os sempre junto ao coração; ate-os ao redor do pescoço. Quando você andar, eles o guiarão; quando dormir, o estarão protegendo; quando acordar, falarão com você. Pois o mandamento é lâmpada, a instrução é luz, e as advertências da disciplina são o caminho que conduz à vida (Provérbios 6:20-23).

E eis uma advertência pitoresca ao filho rebelde: "Os olhos de quem zomba do pai, e, zombando, nega obediência à mãe, serão arrancados pelos corvos do vale, e serão devorados pelos filhotes do abutre" (30:17).

Os pais *precisam* ensinar a obediência aos filhos. Essa é uma de suas responsabilidades mais básicas e óbvias. Se quisermos criar uma geração de filhos fiéis para viverem suas vidas corretamente, eles precisam começar aprendendo a obedecer a seus pais, e é responsabilidade solene dos pais ensinar-lhes isso. Fico constantemente chocado ao ver quantos pais parecem praticamente não ter a mínima ideia de qual é sua incumbência. Isso não é de modo algum um aspecto opcional da criação dos filhos. Como o apóstolo indica em Efésios 6:2-3, o primeiro dos Dez Mandamentos acompanhado de promessa para aqueles que lhe obedecem foi o Quinto Mandamento: "Honra teu pai e tua mãe, a fim de que tenhas vida longa na terra que o Senhor, o teu Deus, te dá" (Êxodo 20:12). É dever dos pais orientar a criança a obedecer desde pequena.

Isso envolve disciplina e, quando necessário, castigo e correção. Os pais que falham em corrigir seus filhos desobedientes estão demonstrando uma falta de amor vergonhosa. "Quem se nega a castigar seu filho não o ama; quem o ama não hesita em disciplina-lo." (13:24). E Provérbios 3:11-12 diz: "Meu filho, não despreze a disciplina do Senhor, nem se magoe com a Sua repreensão, pois o Senhor disciplina a quem ama, assim como o pai faz ao filho de quem deseja o bem." Os pais que realmente amam seus filhos os reprovarão quando eles desobedecerem.

Em outras palavras, o castigo adequado não é simplesmente um modo de "ir à forra" pelo erro da criança, mas é realmente algo visando ao máximo interesse dela . Ele não deve ser visto como uma forma de dar o troco, mas como um auxílio ao crescimento, algo que edifica e fortalece a criança. O castigo ajuda a conformar a mente dela à sabedoria. Ele remove a insensatez de seu coração e pode ajudar a libertá-la da miséria das consequências do pecado, inclusive do inferno.

Provérbios 13:24 deixa muito claro que a disciplina deve ser sempre administrada e temperada com amor. Os pais que administram castigo por pura fúria ou irritação, e não por amor, não encontram apoio para esse tipo de atitude em qualquer parte da Bíblia. Mas o texto bíblico também não sanciona um amor superficial, sempre tolerante, indulgente e permissivo.

O amor que leva à disciplina adequada é um amor forte e robusto que exige obediência e pune a desobediência, porque isso é o melhor para a criança. Os pais devem sentir aflição por causa da necessidade de administrar a punição e, portanto, podem sofrer juntamente com a criança por causa das consequências do pecado. A punição física, quando é envolvida completamente por esse tipo de amor, é um corretivo muito forte.

O castigo deve também ser firme e consistente. "Discipline seu filho, pois nisso há esperança; não queira a morte dele" (19:18). Não seja instável ao aplicar a disciplina, tampouco seja tão coração mole a ponto de se tornar excessivamente compreensivo. A correção deve ser firme e inabalável, ou não será eficaz. Se os pais forem inconsistentes, os filhos começarão a ver a disciplina como algo arbitrário e caprichoso.

"A vara da correção dá sabedoria, mas a criança entregue a si mesma envergonha a sua mãe" (29:15). Um filho desobediente gera não apenas um desastre espiritual, como também uma personalidade antissocial e, muitas vezes, um adulto criminoso.

A propósito, pessoalmente não acredito em muitas desculpas clínicas modernas para a rebelião infantil. Cada vez mais é dito aos pais de filhos incontroláveis que seus filhos têm problemas como Transtorno de Déficit de Atenção (TDA), Transtorno de Déficit de Atenção com Hiperatividade (TDAH), Transtorno de Personalidade Antissocial (TPA), Transtorno Desafiador Opositor (TDO), Transtorno de Personalidade Histriônica (TPH) e Transtorno Bipolar de Humor (TBH ou transtorno maníaco-depressivo). Não conheço nenhuma causa orgânica ou biológica para nenhum desses "transtornos". A maioria desses diagnósticos me parece ser pouco mais do que termos clínicos elaborados que foram aplicados a uma conduta preguiçosa, egoísta, desafiadora ou mesmo pecaminosa.

Ainda assim, muitos médicos automaticamente prescrevem drogas para o tratamento dessas enfermidades. A ritalina é uma droga psicoestimulante, como a anfetamina, que agora é tomada por mais de dois milhões de crianças nos Estados Unidos unicamente com o propósito de suprimir o mau comportamento. Assim, as drogas substituíram a disciplina em milhões de casas. Afinal, esses remédios levam menos tempo, são menos dolorosos e precisam ser administrados somente uma ou duas vezes ao dia.

Um enorme mercado para tais drogas foi fabricado a partir do mito de que os padrões de mau comportamento nas crianças são sempre patológicos, e não (como Salomão diria) fruto da insensatez pecaminosa no coração delas. Assim que o efeito das drogas passa, o mau comportamento volta. E o que essas crianças farão quando forem adultas, se as drogas foram a única coisa que suprimiu o comportamento pecaminoso delas na infância? As prisões de nossa nação já estão cheias de respostas a essa pergunta.

Pode ser verdade que algumas crianças são naturalmente mais inclinadas a ter uma capacidade limitada de atenção ou outras fraquezas que tornem o aprendizado mais difícil para elas. Obviamente, muitas habilidades naturais, como a inteligência e a criatividade, são largamente moldadas por fatores genéticos. Também é muito provável que existam razões genéticas ou causas biológicas desconhecidas para certas deficiências de aprendizado.

As dificuldades de aprendizado por si mesmas, porém, não são um problema moral. A desobediência, a crueldade com outras crianças e o desrespeito pelos adultos, sim. Rotular o mau comportamento crônico com um nome clínico e usar isso como uma desculpa para atitudes pecaminosas é um grave erro. A desobediência é pecaminosa, não importa quais fatores moldem a aptidão natural da criança.

Em outras palavras, há poucas desculpas para uma criança rebelde. A Bíblia indica que os pais podem e devem ensinar seus filhos a obedecerem. Embora essa seja sem dúvida uma tarefa mais difícil com algumas crianças do que com outras, *nunca* é prerrogativa dos pais drogar uma criança incontrolável em vez de discipliná-la, independentemente de quantos médicos modernos estejam dispostos a classificar o mau comportamento crônico como algum tipo de patologia. Não importa quais sejam os motivos para a má conduta da criança, a rebelião e a desobediência são definitivamente uma doença *moral* — o *pecado* —, e a própria Bíblia imputa a responsabilidade pela correção delas aos pais.

Ensine seus filhos a escolherem suas companhias

Nenhum princípio na criação dos filhos pode ser mais importante — e, no entanto, mais negligenciado — do que este: ensine seus filhos a escolherem suas companhias com sabedoria. Salomão escreveu: "Quem anda com os sábios será sábio; mas o companheiro dos tolos sofre aflição" (Provérbios 13:20).

Os pais precisam ser proativos com relação a esse tema. Se você não ajudar seus filhos a escolherem o tipo certo de companhia — e ajudá-los a *aprender* a escolher por si mesmos —, o tipo errado de companhia inevitavelmente os escolherá. A responsabilidade de ensinar os filhos a escolher seus amigos com sabedoria é, portanto, um elemento fundamental para criá-los com êxito da maneira bíblica.

O apóstolo Paulo escreveu: "Não vos enganeis. As más companhias corrompem os bons costumes" (1Coríntios 15:33). Os padrões morais de seus filhos, a linguagem que eles usam e as atividades nas quais eles se envolvem provavelmente não estarão acima dos padrões de seus amigos. Raramente uma criança tem a capacidade de se posicionar acima do grupo do qual participa.

E as más influências entre os amigos constituem um perigo mortal. "Um pouco de fermento leveda a massa toda" (1Coríntios 5:6). É um fato da natureza humana que os jovens são mais inclinados a seguir um mau exemplo do que a dar um bom exemplo, principalmente se isso significa ir contra seus colegas.

Em Provérbios 1:10, Salomão diz a seu filho: "Meu filho, se os maus tentarem te seduzir, não ceda!" Ele queria garantir que seu filho não fosse suscetível a más companhias. Ele o advertiu de que os malfeitores sempre tentarão seduzir os ingênuos fazendo com que o mal pareça uma grande e empolgante aventura. Salomão disse ao jovem:

> Se disserem: Venha conosco; fiquemos de tocaia para matar alguém, vamos divertir-nos armando emboscada contra quem de nada suspeita! Vamos engoli-los vivos, como a sepultura engole os mortos; vamos destruí-los inteiros, como são destruídos os que descem à cova; acharemos todo tipo de objetos valiosos e encheremos as nossas casas com o que roubarmos; junte-se ao nosso bando; dividiremos em partes iguais tudo o que conseguirmos! Meu filho, não vá pela vereda dessa gente! Afaste os pés do caminho que eles seguem, pois os pés deles correm para fazer o mal, estão sempre prontos para derramar sangue. Assim como é inútil estender a rede se as aves o observam, também esses homens não percebem que fazem tocaia contra a própria vida; armam emboscadas contra eles mesmos! (Provérbios 1:11-18)

Os jovens de hoje estão sendo seduzidos exatamente por esse tipo de crime, e em idade mais tenra do que nunca. A violência nas gangues, a delinquência pré-adolescente e o crescente abuso de drogas e de álcool nas escolas são inclinações que estão intimamente ligadas à tendência dos jovens de escolherem o tipo errado de companhia. O fracasso definitivo na maioria dos casos pertence aos pais, que não são prudentes com relação às amizades que eles permitem que seus filhos façam.

Todo pai ou mãe precisa levar essa responsabilidade muito a sério. Mesmo que você não more no tipo de bairro onde más influências possam atrair seus filhos, você pode ter certeza de que em algum momento eles enfrentarão uma tremenda pressão dos colegas para se conformarem a um padrão de conduta que não procede de Deus e é pecaminoso. Você precisa ensinar-lhes a escolher suas companhias com sabedoria, para que eles não se sintam intimidados a fazer o tipo errado de aliança. Não deixe que seus filhos sejam pressionados pelas más companhias. Instrua-os a escolher amigos que os elevem.

Nunca será um exagero mostrar o quanto esse princípio é importante para nossos filhos. De certo modo, a sabedoria pode ser resumida como a capacidade de evitar companhias prejudiciais:

Pois a sabedoria entrará em seu coração, e o conhecimento será agradável à sua alma. O bom senso o guardará, e o discernimento o protegerá. A sabedoria o livrará do caminho dos maus, dos homens de palavras perversas, que abandonam as veredas retas para andarem por caminhos de trevas, têm prazer em fazer o mal, exultam com a maldade dos perversos, andam por veredas tortuosas e no caminho se extraviam. (Provérbios 2:10-15)

Ensine seus filhos a controlarem suas paixões

O apóstolo Paulo escreveu a Timóteo: "Foge também das paixões da mocidade, e segue a justiça, a fé, o amor, a paz com os que, de coração puro, invocam o Senhor" (2Timóteo 2:22). É significativo que o apóstolo fale das paixões *da mocidade*. Os pais sábios perceberão que todos os adolescentes desenvolvem paixões poderosas que podem levá-los à tragédia se eles não aprenderem a controlá-las.

Esse é um dos temas dominantes dos primeiros capítulos de Provérbios. Salomão obviamente o considerava uma verdade crucial a ser transmitida a seu filho. E não é de se admirar, afinal, que o fracasso nessa esfera estava por trás dos fracassos do próprio Salomão.

Voltemos a analisar Provérbios 2, exatamente no trecho em que paramos no ponto anterior. Salomão estava dizendo que a verdadeira sabedoria tem o efeito de nos libertar das más companhias e das sutilezas dos maus. Ele continua do seguinte modo:

Ela também o livrará da mulher imoral, da pervertida que seduz com suas palavras, que abandona aquele que desde a juventude foi seu companheiro e ignora a aliança que fez diante de Deus. A mulher imoral se dirige para a morte, que é a sua casa, e os seus caminhos levam às sombras. Os que a procuram jamais voltarão, nem tornarão a encontrar as veredas da vida. (Provérbios 2:16-19)

Em outras palavras, Salomão está dizendo a seu filho que a fornicação pode ser fatal. Ele diz o mesmo em Provérbios 5:3-5: "Pois os lábios da mulher imoral destilam mel; sua voz é mais suave que o azeite, mas no final é amarga como fel, afiada como uma espada de dois gumes. Os seus pés descem para a morte; os seus passos conduzem diretamente para a sepultura."

Alguns comentaristas consideram ser essa uma referência à doença venérea ou possivelmente ao tipo de castigo divino que custa ao pecador a própria vida (ver 1Coríntios 11:30; 1João 5:16). É mais provável, porém, que seja uma referência à penalidade legal pelo adultério apresentada em Deuteronômio 22:22: "Se um homem for surpreendido deitado com a mulher de outro, os dois terão que morrer, o homem e a mulher com quem se deitou. Eliminem o mal do meio de Israel."

Entretanto, mesmo em uma sociedade na qual a pena de morte não se aplica aos casos de adultério, a fornicação é um pecado que destrói a alma e devasta a vida. Salomão deixa esse ponto claro em Provérbios 6:23-33:

Pois o mandamento é lâmpada, a instrução é luz, e as advertências da disciplina são o caminho que conduz à vida; eles o protegerão da mulher imoral, e dos falsos elogios da mulher leviana. Não cobice em seu coração a sua beleza nem se deixe seduzir por seus olhares, pois o preço de uma prostituta é um pedaço de pão, mas a adúltera sai à caça de vidas preciosas. Pode alguém colocar fogo no peito sem queimar a roupa? Pode alguém andar sobre brasas sem queimar os pés? Assim acontece com quem se deita com mulher alheia; ninguém que a toque ficará sem castigo. O ladrão não é desprezado se, faminto, rouba para matar a fome. Contudo, se for pego, deverá pagar sete vezes o que roubou, embora isso lhe custe tudo o que tem em casa. Mas o homem que comete adultério não tem juízo; todo aquele que assim procede a si mesmo se destrói. Sofrerá ferimentos e vergonha, e a sua humilhação jamais se apagará.

A fornicação muitas vezes traz uma mácula que é difícil de apagar. Muitas vidas foram completamente destruídas por um único ato de adultério. O cônjuge de um adúltero poderá eternamente achar impossível recuperar a confiança que foi quebrada. Mesmo que a ofensa tenha sido perdoada e o casamento tenha sido salvo, a desconfiança muitas vezes permanece por toda a vida. O pecado em si carrega um estigma do qual pode ser impossível fugir. Se você quer entender a gravidade desse fato, lembre-se de que os homens não estão qualificados para servir como presbíteros e diáconos nas igrejas se não forem "irrepreensíveis" (ver 1Timóteo 3:2,10). Quando um presbítero ou um diácono cai em um ato de fornicação, adquire uma acusação que pode pesar contra ele pelo restante de sua vida — e isso significa a desqualificação permanente. É um alto preço a se pagar, mas essa é a punição associada a esse tipo de pecado.

Provérbios 7 retoma esse tema. No trecho a seguir, Salomão enfatiza de uma maneira gráfica os perigos da ingenuidade e a importância de não ceder à paixão sensual desenfreada. Quase todo o capítulo é dedicado a um cenário que retrata uma mulher sedutora e sua vítima ingênua, "um rapaz sem juízo" (v. 7). Esse tolo incauto, irresponsável e cabeça-oca perambula deliberadamente até a tentação. Ele está em uma região da cidade onde não deveria estar. O cenário está montado, como se Salomão estivesse à janela olhando através das grades, descrevendo o que vê:

Da janela de minha casa olhei através da grade e vi entre os inexperientes, no meio dos jovens, um rapaz sem juízo. Ele vinha pela rua, próximo à esquina de certa mulher, andando em direção à casa dela. Era crepúsculo, o entardecer do dia, chegavam as sombras da noite, crescia a escuridão. (Provérbios 7:6-9)

Eis a vítima. Ele é uma vítima não apenas da mulher sedutora, mas também de sua própria ingenuidade pecaminosa e de seus desejos malignos. Ele sabe muito bem para onde está indo. Está tomando deliberadamente o caminho para a casa de uma mulher imoral, passando pela rua próxima à esquina dela. Talvez ele não tenha um plano malicioso específico além de passar pela casa dela para ver o que vai acontecer, mas ele está em um bairro no qual não deveria estar, expondo-se voluntariamente à tentação. Esse tipo de comportamento é a gênese de praticamente todo pecado de imoralidade. Se ensinarmos nossos filhos a não andarem onde é escorregadio, minimizaremos as oportunidades de eles caírem.

Mas eis aqui um sujeito perambulando durante o crepúsculo, no lado errado da cidade, e ele se torna presa das seduções de uma prostituta:

> A mulher veio então ao seu encontro, vestida como prostituta, cheia de astúcia no coração. Ela é espalhafatosa e provocadora, seus pés nunca param em casa; uma hora na rua, outra nas praças, em cada esquina fica à espreita. Ela agarrou o rapaz, beijou-o e lhe disse descaradamente: 'Tenho em casa a carne dos sacrifícios de comunhão, que hoje fiz para cumprir os meus votos. Por isso saí para encontrá-lo; vim à sua procura e o encontrei!' (Provérbios 7:10-15)

Isso é o que podemos chamar de abordagem direta! Ela o agarra, beija-o e faz-lhe uma proposta ousada. Ela lhe diz que esteve fazendo um voto religioso de celibato, mas que agora o voto terminou. Isso sem dúvida é uma mentira, mas é a maneira que ela encontra para convidá-lo a comemorar o fim de seu celibato. Esse é um convite direto a um ato de fornicação.

Ela lhe diz: "Saí para encontrá-lo", como se ele fosse exatamente quem ela estava procurando. Essa é outra mentira, é claro, porque ela teria feito a proposta a qualquer homem que cruzasse seu caminho.

Ela deixa suas intenções imorais muito claras:

> Estendi sobre o meu leito cobertas de linho fino do Egito. Perfumei a minha cama com mirra, aloés e canela. Venha, vamos embriagar-nos de carícias até o amanhecer, gozemos as delícias do amor! Pois o

meu marido não está em casa; partiu para uma longa viagem. Levou uma bolsa cheia de prata e não voltará antes da lua cheia. (Provérbios 7:16-20)

Ela o está atraindo apelando para toda espécie de prazer. As cobertas de linho, o perfume e as ervas são atrações sensuais, seduções eróticas para a vítima ingênua. Ela promete que ele estará seguro, porque seu marido está longe a negócios, com muito dinheiro para gastar e que não tem previsão de voltar por muito tempo. Assim, ela apaga tanto os escrúpulos do rapaz quanto todos os seus medos com a sua sedução perspicaz.

Contudo, oculto por trás de suas palavras bajuladoras e de seus encantos de mulher sedutora está um perigo mortal. Sua verdadeira intenção é matá-lo, provavelmente para roubar o dinheiro ou os bens que ele está levando. Como todas as prostitutas, ela não tem interesse em romance; ela só quer a carteira dele e suas riquezas. E está disposta a fazer qualquer coisa para conseguir isso:

Com a sedução das palavras o persuadiu, e o atraiu com o dulçor dos lábios. Imediatamente ele a seguiu como o boi levado ao matadouro, ou como o cervo que vai cair no laço. Até que uma flecha lhe atravesse o fígado, ou como o pássaro que salta para dentro do alçapão, sem saber que isso lhe custará a vida. (Provérbios 7:21-23)

A moral da história de Salomão é uma verdade que todos os pais precisam ensinar a seus filhos: a verdade sobre os perigos mortais de sucumbirem às paixões da carne:

Então, meu filho, ouça-me; dê atenção às minhas palavras. Não deixe que o seu coração se volte para os caminhos dela, nem se perca em tais veredas. Muitas foram as suas vítimas; os que matou são uma grande multidão. A casa dela é um caminho que desce para a sepultura, para as moradas da morte (Provérbios 7:24-27).

Ensine seus filhos a desfrutarem seus cônjuges

Este é o lado oposto à lição anterior. Ensine-os a canalizar suas paixões da juventude para fins corretos. Ensine-os especificamente a reservarem suas paixões sexuais somente para seus cônjuges, e depois os ensine a serem fiéis no casamento.

Provérbios 5:15 diz: "Beba das águas da sua cisterna, das águas que brotam do seu próprio poço." Isso é uma metáfora. Salomão estava dizendo a seu filho que ele devia ser fiel a sua esposa e não buscar a gratificação de seus desejos sexuais fora dos limites do casamento. Esse versículo vem imediatamente após uma das advertências de Salomão sobre os perigos da prostituta, e é explicado ainda mais pelos versículos 18 a 20:

Seja bendita a sua fonte! Alegre-se com a esposa da sua juventude. Gazela amorosa, corça graciosa; que os seios de sua esposa sempre o fartem de prazer, e sempre o embriaguem os carinhos dela. Por que, meu filho, ser desencaminhado pela mulher imoral? Por que abraçar o seio de uma leviana?

Ensine a seus filhos que o único lugar certo para encontrar gratificação para seus desejos sexuais é com as próprias esposas. Salomão escreveu um livro inteiro da Bíblia — o Cântico dos cânticos — celebrando as alegrias do relacionamento conjugal. Infelizmente, o próprio Salomão teve inúmeras esposas, destruindo a união perfeita entre um homem e uma mulher que o casamento estava destinado a ser (ver Gênesis 2:24). Ainda assim, o Cântico dos cânticos permanece sendo um cântico inspirado sobre como deve ser o relacionamento matrimonial ideal.

A Bíblia diz em 1Tessalonicenses 4:3-5 (AA): "Porque esta é a vontade de Deus, a saber, a vossa santificação: que vos abstenhais da prostituição, que cada um de vós saiba possuir o seu vaso em santidade e honra, não na paixão da concupiscência, como os gentios que não conhecem a Deus." A palavra "vaso" nesse versículo pode ser uma referência à esposa, o vaso mais fraco (1Pedro 3:7), ou pode ser uma referência ao próprio corpo da pessoa. De uma forma ou de outra, ele impõe a fidelidade dentro dos laços do casamento, que no projeto de Deus é a união entre *duas* pessoas que se tornam *uma* só carne (Efésios 5:31).

Pais, não cometam o mesmo erro de Salomão. Ensinem essa lição a seus filhos tanto pelo exemplo quanto pelo preceito. Mostrem-lhes pela maneira que vocês tratam seu cônjuge e pelas coisas que vocês dizem um ao outro que o verdadeiro contentamento e a plena satisfação somente podem ser encontrados dentro da aliança do casamento.

Ensine seus filhos a tomarem cuidado com suas palavras

Em Provérbios 4:24, Salomão diz a seu filho: "Afaste da sua boca as palavras perversas; fique longe dos seus lábios a maldade." Os pais precisam ensinar seus filhos a vigiarem as suas palavras. Fale a verdade. Diga o que edifica e não o que fere os outros. E mantenha suas palavras puras.

Posso comprovar que, quando eu era criança, essa foi uma das lições que meus pais mais se esforçaram para me ensinar. Por causa disso, eu, mesmo adulto, nunca penso em dizer qualquer palavra obscena. Provavelmente sou completamente diferente de qualquer adulto na face da terra que diz coisas profanas e praguej a sem problema. Sem dúvida isso acontece porque minha boca foi lavada com sabão inúmeras vezes por ter dito palavras que eu nem sequer entendia ou pronunciava corretamente. Até hoje, quando ouço de longe alguém falando palavrões, começo a sentir o gosto do sabão!

Os provérbios de Salomão são cheios de lembretes sobre a importância de vigiarmos nossas palavras: "A boca do justo é fonte de vida" (10:11). "A língua dos justos é prata escolhida" (v. 20). "Os lábios do justo sabem o que é próprio" (v. 32). "Há palavras que ferem como espada, mas a língua dos sábios traz a cura" (12:18). "As palavras dos sábios espalham conhecimento" (15:7). "O coração do sábio ensina a sua boca, e os seus lábios promovem a instrução" (16:23). "Os lábios que transmitem conhecimento são uma rara preciosidade" (20:15).

E observe especialmente Provérbios 12:22: "O Senhor odeia os lábios mentirosos, mas se deleita com os que falam a verdade." Uma lição que sempre reforçamos de maneira especial para nossos filhos foi a importância de dizermos a verdade. A dor ligada às consequências da mentira sempre foi o dobro da dor resultante de qualquer outra ofensa. É claro que nenhum deles queria ser surpreendido em um ato de desobediência, mas se eles desobedecessem e mentissem sobre o ocorrido, as consequências eram piores. E assim nós os ensinávamos a dizer sempre a verdade. Essa é uma lição vital, porque se uma pessoa puder treinar sua consciência para viver com uma mentira, essa pessoa estará suscetível a *qualquer* pecado. Se você puder encobrir seu pecado com uma mentira e se condicionar para tolerá-la, sua consciência se tornará inútil para impedir que você cometa *qualquer* pecado.

Eis outra lição importante sobre vigiar suas palavras: "Quando são muitas as palavras, o pecado está presente, mas quem controla a língua é sensato" (10:19). Ensine a seus filhos que muitas vezes é mais sábio *não falar*. Tiago escreveu: "A língua, porém, ninguém consegue domar. É um mal incontrolável, cheio de veneno mortífero" (Tiago 3:8). A língua dos tolos está cheia de contenda, ruína, difamação, menosprezo, fofoca, desgraça, mentiras, injúria e perversidade. Portanto, ensine a seus filhos que muitas vezes é melhor não dizer absolutamente nada.

Ensine seus filhos a perseverarem no trabalho

Ensine a seus filhos o valor do trabalho árduo enquanto você mesmo lhes serve de exemplo dedicando-se a seu trabalho: "Observe a formiga, preguiçoso, reflita nos caminhos dela e seja sábio! Ela não tem nem chefe, nem supervisor, nem governante, e ainda assim armazena as suas provisões no verão e na época da colheita ajunta o seu alimento" (Provérbios 6:6-8).

Praticamente todos trabalham arduamente, ou *parecem* trabalhar arduamente, quando o chefe está olhando. Mas a formiga trabalha duro embora não tenha um supervisor. Seus filhos trabalharão se você ficar de prontidão com um chicote. Mas será que eles irão trabalhar se você não estiver por perto? Eles terão de aprender a fazer isso por iniciativa própria se quiserem ter êxito na vida.

Eles também precisam aprender a planejar com antecedência. A formiga sabe preparar sua comida no verão, prevendo a chegada do inverno. Seus filhos sabem como planejar e trabalhar para suas necessidades futuras? Essa é outra lição vital que os pais sábios precisam ensinar a seus filhos.

Se não fizermos isso, nossos filhos crescerão e se tornarão homens e mulheres indolentes.

Até quando você vai ficar deitado, preguiçoso? Quando se levantará de seu sono? Tirando uma soneca, cochilando um pouco, cruzando um pouco os braços para descansar, a sua pobreza o surpreenderá como um assaltante, e a sua necessidade lhe virá como um homem armado. (Provérbios 6:9-11)

O indolente é um preguiçoso. Poderíamos dizer também que o indolente é uma pessoa comum, que dá desculpas demais, adia demais e recusa demais. Ele procrastina. Protela. Faz o que gosta e posterga o que acha desagradável. Mas ele sofrerá fome, pobreza e fracasso. Ele perde a colheita de amanhã em nome do lazer de hoje. Ele quer, mas não vai trabalhar. A semente de seu fracasso é a própria indolência, e essa é uma das piores falhas de caráter. Os pais não devem permitir que seus filhos desenvolvam o hábito da indolência e da preguiça.

Por outro lado, a pessoa que persevera no trabalho ganha bem, é autossuficiente e conquista o respeito dos demais. "Você já observou um homem habilidoso em seu trabalho? Será promovido ao serviço real; não trabalhará para gente obscura" (22:29). "As mãos preguiçosas empobrecem o homem, porém as mãos diligentes lhe trazem riqueza. Aquele que faz a colheita no verão é filho sensato, mas aquele que dorme durante a ceifa é filho que causa vergonha" (10:4-5). Ensine essas lições a seus filhos.

Ensine seus filhos a administrarem o dinheiro deles

Depois que seus filhos estiverem trabalhando, há uma nova lição que eles precisam aprender: como administrar o dinheiro deles com sabedoria. Provérbios 3:9-10 diz: "Honre o Senhor com todos os seus recursos e com os primeiros frutos de todas as suas plantações. Os seus celeiros ficarão plenamente cheios, e os seus barris transbordarão de vinho."

Em outras palavras, se você for generoso com Deus, ele será generoso com você. Portanto, honre o Senhor com seu dinheiro. Essa é a primeira regra da administração financeira sábia. As primícias pertencem ao Senhor. E não apenas as primícias, mas *todos* os seus bens devem ser usados para a glória de Deus. Portanto, se você quiser que seus filhos conheçam a plenitude da bênção de Deus, ensine-os a dar generosamente a Deus, e ensine-os a usar seus recursos para honrá-lo.

Esse princípio está no topo das lições positivas acerca do dinheiro — devemos usá-lo para honrar o Senhor. Existem muitas outras lições positivas: A generosidade é uma política financeira mais sábia que a mesquinharia (ver Provérbios 11:24-26). A bondade para com os pobres desata as bênçãos do Senhor (ver Provérbios 19:17; 22:9). E, como mencionado acima, o sábio trabalha com afinco e planeja o futuro (ver Provérbios 10:4-5).

Também existem lições negativas. Em Provérbios 15:27, por exemplo, a Bíblia ensina a loucura que é buscar lucro financeiro por meios errados: "O avarento põe sua família em apuros, mas quem repudia o suborno viverá." Provérbios 6:1-5 descreve os perigos de se associar a amigos ou a estranhos em esquemas de enriquecimento rápido.

Existem outras mais: "Não esgote suas forças tentando ficar rico; tenha bom senso!" (Provérbios 23:4). "Quem confia em suas riquezas certamente cairá" (Provérbios 11:28). "Tanto quem oprime o pobre para enriquecer-se como quem faz cortesia ao rico, com certeza passarão necessidade" (Provérbios 22:16).

Observe como a Bíblia associa constantemente a verdade moral aos princípios financeiros. A maneira como uma pessoa administra seu dinheiro é uma questão moral e espiritual. Certifique-se de que seus filhos entendam isso.

Ensine seus filhos a amarem o próximo

Por fim, ensine seus filhos a amarem o próximo. Ensine-lhes o valor da bondade, da misericórdia e da compaixão:

Quanto lhe for possível, não deixe de fazer o bem a quem dele precisa. Não diga ao seu próximo: "Volte amanhã, e eu lhe darei algo", se pode ajudá-lo hoje. Não planeje o mal contra o seu próximo, que confiantemente mora perto de você. (Provérbios 3:27-29)

O mandamento para amar o próximo era um princípio básico da Lei de Moisés: "Não procurem vingança, nem guardem rancor contra alguém do seu povo, mas ame cada um o seu próximo como a si mesmo. Eu sou o Senhor." (Levítico 19:18).

Nos dias de Jesus, certos rabinos haviam diluído essa Lei dizendo que ela se aplicava ao *próximo*, mas não aos *inimigos*. A versão deles para esse princípio era "Vocês devem amar o seu próximo e odiar o seu inimigo" (Mateus 5:43). Mas Jesus indicou que o mandamento se aplica também aos inimigos, pois até Deus é misericordioso com os maus (ver Mateus

5:44-48). Você percebeu que o princípio de amar os nossos inimigos também faz parte da sabedoria registrada em Provérbios? Provérbios 25:21-22 diz: "Se o seu inimigo tiver fome, dê-lhe de comer; se tiver sede, dê-lhe de beber. Fazendo isso, você amontoará brasas vivas sobre a cabeça dele, e o Senhor recompensará você." As "brasas de fogo" amontoadas sobre a cabeça dele se referem ao ardor de sua própria consciência. Se você for bondoso com um inimigo, e o fogo da consciência dele fizer com que ele seja gentil com você, terá feito de um inimigo um amigo. Você deve ensinar seus filhos, tanto por preceito quanto por exemplo, a tratarem seus inimigos desse modo. Pois nossos inimigos também são nosso próximo, e a Bíblia nos ordena claramente que os amemos.

Jesus disse que a ordem para amarmos nosso próximo é o segundo maior mandamento de toda a Lei (ver Mateus 22:39). O maior mandamento, é claro, é Deuteronômio 6:5: "Ame o Senhor, o seu Deus, de todo o seu coração, de toda a sua alma e de todas as suas forças.." E a Lei e os Profetas dependem desses dois mandamentos.

Observe que esses dois ensinamentos são o primeiro e o último dos dez que relacionei aqui: temer Deus e amar o próximo. Todos os outros preceitos que estão entre esses dois os completam e ampliam. Ensine esses princípios a seus filhos, e você os criará para serem sábios.

Esse é o dever dos pais. Pais, se vocês falharem em ensinar seus filhos a temerem Deus, o diabo os ensinará a odiá-lo. Se você deixar de ensiná-los a protegerem suas mentes, o diabo os ensinará a ter uma mente corrompida. Se você deixar de ensiná-los a obedecer aos pais, o diabo os ensinará a se rebelar e a partir o coração deles. Se você deixar de ensiná-los a escolher cuidadosamente suas companhias, o diabo escolherá as companhias deles. Se você deixar de ensiná-los a controlar suas paixões, o diabo os ensinará a satisfazê-las. Se você deixar de ensiná-los a desfrutar seus próprios cônjuges, o diabo os ensinará a destruir seus casamentos. Se você deixar de ensiná-los a vigiar suas palavras, o diabo encherá a boca deles de imundície. Se você deixar de ensiná-los a perseverar em seu trabalho, o diabo fará da preguiça deles um instrumento do inferno. Se você deixar de ensiná-los a administrar seu dinheiro, o diabo os ensinará a esbanjá-lo em uma vida descontrolada. E se você deixar de ensiná-los a amar seu próximo, o diabo os ensinará a amar somente a si mesmos. Temos uma grande responsabilidade com esta geração e a próxima.

Capítulo 5
O primeiro mandamento com uma promessa

Filhos, obedeçam a seus pais no Senhor, pois isso é justo. "Honra teu pai e tua mãe" — este é o primeiro mandamento com promessa — "para que tudo te corra bem e tenhas longa vida sobre a terra."

— Efésios 6:1-3

NO CAPÍTULO ANTERIOR, VIMOS BREVEMENTE a importância de ensinar nossos filhos a obedecerem aos pais. Na verdade, esse foi um dos dez princípios essenciais de sabedoria que examinamos no livro de Provérbios. Contudo, ensinar nossos filhos a obedecerem aos pais é mais do que uma simples questão de sabedoria pragmática. Esse também é um princípio moral fundamental, que recebeu um lugar de proeminência entre os Dez Mandamentos, e depois foi enfatizado diversas vezes ao longo do texto bíblico. O dever da criança de obedecer e o dever dos pais de ensinar a obediência certamente merecem estudo e atenção mais profundos de nossa parte. Portanto, neste capítulo voltaremos a mergulhar ainda mais fundo nesse tópico vital.

Os Dez Mandamentos (ver Êxodo 20:3-17) incluem dois tipos de lei: *os deveres com Deus* (não terás outros deuses diante de Jeová; não farás imagens esculpidas; não tomarás o nome do Senhor em vão; e guardarás o santo Sábado); e *os deveres com o próximo* (honrarás teu pai e tua mãe; não matarás; não cometerás adultério; não roubarás; não darás falso testemunho; e não cobiçarás). As quatro leis que governam os deveres com Deus às vezes são chamadas de Primeira Tábua da lei; as seis leis que governam a conduta em relação às outras pessoas são conhecidas como Segunda Tábua. As duas tábuas se resumem no primeiro e segundo grandes mandamentos (ver Mateus 22:37-39): "Amarás o Senhor teu Deus de todo o teu coração, de toda a tua alma, e de todo o teu entendimento" (reiterando o tema da Primeira Tábua); e "Amarás o teu próximo como a ti mesmo" (resumindo os deveres da Segunda Tábua).

O mandamento de honrar pai e mãe ocupa o primeiro lugar na Segunda Tábua da lei. Na vida de todo filho, esse é o primeiro princípio moral importante a ser aprendido sobre o comportamento em relação aos outros. Esse é um princípio indispensável e inviolável da lei moral de Deus, estabelecendo o fundamento para todos os demais princípios sobre como devemos tratar os outros seres humanos. Sua importância é ressaltada não apenas pela sua posição no topo da Segunda Tábua, mas também pela promessa que acompanhou a declaração do Quinto Mandamento em Êxodo 20:12: "Honra teu pai e tua mãe, *a fim de que tenhas vida longa na terra que o Senhor, o teu Deus, te dá*" (grifo do autor). O apóstolo Paulo indica em Efésios 6:2 que este é "o primeiro mandamento com promessa". Na verdade, ele é o *único* mandamento no Decálogo que inclui uma promessa. De todos os Dez Mandamentos, somente este transmite uma promessa específica de bênção e prosperidade para aqueles que lhe obedecerem. De acordo com o apóstolo, esse fato é significativo, porque enfatiza a importância absoluta desse mandamento.

A Bíblia enfatiza e expande por vezes seguidas o princípio do Quinto Mandamento, nos ensinando que honrar nossos pais envolve: obedecer-lhes (ver Deuteronômio 21:18-21; Efésios 6:1); honrá-los com nossas palavras (ver Êxodo 21:17; Levítico 20:9; Provérbios 20:20; 30:11); demonstrar respeito por eles de todas as maneiras (ver Levítico 19:3), até mesmo com nossa expressão facial (ver Provérbios 30:17); dar ouvidos aos conselhos deles (ver Provérbios 23:22-25); e não tratá-los negligentemente de modo algum (ver Deuteronômio 27:16; Ezequiel 22:7). O dever do filho de honrar seus pais não cessa nem mesmo quando ele se torna adulto. A inviolabilidade dessa Lei foi afirmada pelo próprio Jesus, que condenou os fariseus por inventarem uma maneira de os adultos burlarem o Quinto Mandamento:

Vocês estão sempre encontrando uma boa maneira de pôr de lado os mandamentos de Deus, a fim de obedecerem às suas tradições! Pois Moisés disse: "Honra teu pai e tua mãe" e "Quem amaldiçoar seu pai ou sua mãe terá que ser executado". Mas vocês afirmam que se alguém disser a seu pai ou a sua mãe: "Qualquer ajuda que vocês poderiam receber de mim é Corbã", isto é, uma oferta dedicada a Deus, vocês o desobrigam de qualquer dever para com seu pai ou sua mãe. Assim vocês anulam a palavra de Deus, por meio da tradição que vocês mesmos transmitiram. E fazem muitas coisas como essa. (Marcos 7:9-13).

Eles tomaram um princípio absoluto e essencial da justiça e trataram-no como se fosse uma peça de cera moldável ao próprio gosto. Cristo os repreendeu por permitirem que as doutrinas e mandamentos criados por homens substituíssem o padrão moral de Deus.

Algumas pessoas gostam de debater esse tema, questionando se e em que grau Os Dez Mandamentos são aplicáveis na era Cristã. Mas a aplicabilidade do Quinto Mandamento é indiscutível, porque o apóstolo Paulo o afirmou e reiterou em Êxodo 20:12 e em Efésios 6:1-3: "Filhos, obedecei a vossos pais no Senhor, pois isto é justo. Honra teu pai e mãe (que é o primeiro mandamento com promessa), para que ele possa estar bem com você, e que você possa viver por muito tempo sobre a terra."

No grande resumo feito pelo apóstolo dos deveres da vida em família, essa é a única obrigação que ele estabelece expressamente para os filhos. Na verdade, esse é o único mandamento de toda a Palavra de Deus expressamente dirigido aos filhos. Todos os outros deveres dos filhos, inclusive a responsabilidade deles de amar Deus e de amar seus irmãos e irmãs, são abrangidos por este único mandamento: "Obedeça aos seus pais." Se os pais cumprirem o seu dever de criar seus filhos "na instrução e conselho do Senhor" (v. 4), a criança que se concentra em obedecer à mãe e ao pai aprenderá a obedecer a todos os demais princípios de Deus de acordo com essa obediência. É assim que as famílias cristãs devem funcionar.

Em outras palavras, o primeiro dever dos pais é ensinar seus filhos a lhes obedecerem e depois transferirem essa mesma obediência para Deus.

Agora, sem dúvida, ensinar os filhos a obedecerem aos pais nem sempre é fácil. Pelo menos não foi fácil com os meus. E também não está sendo fácil no caso de meus netos. Tal função requer esforços diligentes por parte dos pais.

Por quê? Eis três motivos importantes: a *corrupção* que cerca nossos filhos tende a contaminá-los; a *maldição* dentro deles tende a desviá--los para o caminho errado; e a própria *infantilidade* deles os torna suscetíveis a muitos perigos.

ENSINANDO OBEDIÊNCIA EM UMA ERA DE REBELDIA

O mundo em que vivemos torna especialmente difícil para os pais ensinar obediência aos filhos. *Eles estão cercados pela corrupção.* Toda nossa sociedade é hostil à verdade bíblica, e essa animosidade a Deus e ao que é de Deus molda a cultura na qual temos de criar nossos filhos. Há algum tempo recortei esta carta de um jovem adolescente ao editor de uma revista semanal. O jovem escreveu:

> A economia está arruinada. A unidade da família está com problemas. O respeito pelas autoridades é uma piada. Pelo preço certo se pode comprar um senador ou um juiz, ou ele pode comprar uma menina de 16 anos para usar por duas horas. O dinheiro não tem valor e sem ele nós não temos valor. Parem de se preocupar em saber *por que* seu filho precisa tomar um trago antes de poder enfrentar as aulas de manhã, ou *por que* sua filha saiu para se divertir e engravidou. Simplesmente ajudem-nos a lidar com a realidade da vida. Antes de nos classificar em categorias, simplesmente lembrem-se de que teremos de governar esta porcaria dentro de trinta anos, quando vocês morrerem ou se aposentarem, ou passarem a tentar sobreviver com o dinheiro do Seguro Social. Deixo isto a cargo de vocês: decidam nos dar um pouco de ajuda e compreensão, ou tirem o mundo desta miséria e lancem os mísseis, e esperem que a mãe natureza tenha mais sorte com a próxima coisa que sair rastejando da lama.

Que triste constatar que o bebezinho de alguém desenvolveu uma perspectiva tão depreciativa da vida, ainda tão cedo! Mas ela realmente reflete algo do medo, da desconfiança e da desorientação de toda uma geração de crianças e jovens.

A sociedade secular parece inclinada a ensinar os filhos a se rebelarem contra a autoridade. As crianças de hoje assistem em média a trinta horas de televisão por semana. Antes de se formar no colégio, o adolescente norte-americano comum terá assistido a vinte mil horas de televisão. A grande maioria dos programas a que ele assiste retrata as figuras de autoridade como más e a rebelião como uma virtude. Ele verá todo tipo de pecado sendo retratado com glamour. O homossexualismo será apresentado como a escolha de um estilo de vida normal, e até nobre. Assassinato, imoralidade e uso de drogas serão uma parte essencial do pacote diário, de modo que até as ações mais grosseiras e brutais já não parecerão sequer chocantes. Acostumado assim à corrupção excessiva do pecado, e inclinado a desconfiar das autoridades, enquanto ao mesmo tempo romantiza a rebelião, ele tende a entrar na vida adulta com valores morais muito diferentes e uma visão de mundo radicalmente diferente de qualquer um na geração de seus bisavós.

Não é de se admirar que dez milhões de jovens agora tenham doenças venéreas, e outros cinco mil contraiam doenças sexualmente transmissíveis todos os dias. É surpresa que um entre cada cinco adolescentes use drogas regularmente? Estamos realmente chocados com o fato de que aproximadamente um milhão de jovens mulheres tenham começado a trabalhar como prostitutas nas ruas dos Estados Unidos antes dos 16 anos? Entre 7 e 14 milhões de crianças abaixo da idade legal para beber já são alcoólatras. Milhões de crianças buscam ajuda a cada ano em clínicas psiquiátricas. Os cultos de adoração a Satanás, os tiroteios nas escolas e as adolescentes que matam ou abandonam bebês indesejados, tudo isso se tornou praticamente algo comum.

Todas essas tendências são fruto de uma sociedade que sanciona e glorifica a rebelião.

A Palavra de Deus previu que esse tempo viria: "Saiba disto: nos últimos dias sobrevirão tempos terríveis. Os homens serão egoístas, avarentos, presunçosos, arrogantes, blasfemos, *desobedientes aos pais*, ingratos, ímpios, sem amor pela família, irreconciliáveis, caluniadores, sem domínio próprio, cruéis, inimigos do bem, traidores, precipitados, soberbos, mais amantes dos prazeres que amigos de Deus, tendo aparência de piedade, mas negando o seu poder. Afaste-se desses também" (2Timóteo 3:1-5, grifo do autor).

Observe que uma das características dos últimos dias é o desafio desenfreado aos pais, juntamente com atitudes que são "ingratas, ímpias, sem amor". Na Bíblia Almeida corrigida e revisada fiel

(ACF), "sem amor" é traduzido por "sem afeto natural". A afeição natural que os filhos deveriam ter por seus pais está sendo sistematicamente destruída pelo ataque deliberado da sociedade à autoridade dos mesmos.

Veja, por exemplo, a política vigente atualmente em muitas escolas públicas, que tem como objetivo a distribuição de preservativos aos alunos, propiciando, assim, abortos. E ainda nega-se aos pais o direito de sequer saberem quando tais coisas acontecem. Não é de se admirar que as crianças estejam cada vez mais rebeldes, indisciplinadas, egoístas, iradas, amargas, frustradas e destrutivas.

Esse é o tipo de caos moral no qual as crianças estão crescendo. A corrupção do pecado as cerca por toda parte. Porém, em meio a todas essas influências, os pais cristãos estão encarregados da tarefa de ensinar seus filhos a obedecerem e a respeitarem a autoridade, começando em casa.

CONFRONTANDO A INCLINAÇÃO NATURAL DA CRIANÇA

Além da corrupção do lado de fora, nossos filhos precisam lutar contra *a maldição do pecado dentro deles*. Não apenas o mundo está pressionando-os a se conformarem com a impiedade, como também sua própria depravação interior faz com que eles sejam naturalmente inclinados a se rebelarem de uma forma ou de outra. Ambas as influências trabalham constantemente contra os pais, que querem ensinar seus filhos a obedecer. O pai ou mãe que quer criar um filho obediente no mundo de hoje certamente não pode se dar ao luxo de tratar essa tarefa com indiferença.

E, além disso, a tarefa de ensinar nossos filhos a obedecer não é uma missão que pode ser concluída nos primeiros anos da infância. Essas são lições que os pais devem continuar a impor até o momento em que os filhos se tornam adultos, deixam pai e mãe e se apegam aos próprios cônjuges.

A palavra grega traduzida por "filhos" em Efésios 6:1 é *teknon*. Esse é um termo amplo que tanto se aplica tanto aos descendentes adultos quanto às crianças pequenas. Sabemos com base em outra passagem da Bíblia, é claro, que o projeto de Deus para os filhos é que eles cresçam, deixem seus pais e se juntem a seus cônjuges (ver Gênesis 2:24).

Obviamente, quando um filho sai de casa, os pais não mais detêm a custódia deles, e assim a obrigação dos filhos de prestar contas diminui. Mesmo depois que ele saiu de casa, porém, o dever de respeitar e honrar seus pais continua (ver Mateus 15:3-6). Esse respeito pelos pais virá naturalmente se nossos filhos tiverem aprendido a obediência. Eles irão reter por toda a vida uma sensibilidade e um respeito pelas opiniões de seus pais, mesmo depois de não estarem mais diretamente sob a autoridade deles.

No entanto, para os filhos que ainda estão sob supervisão dos pais, é exigida a *obediência*. Enquanto estão sob os cuidados dos pais — enquanto os pais estão aceitando a responsabilidade de sustentá-los —, os filhos devem obedecer. Eles estão sob a autoridade dos pais. Isso se aplica aos filhos nos últimos anos da adolescência tanto quanto se aplica às crianças pequenas. Por outro lado, os pais de adolescentes têm o mesmo dever dos pais das crianças pequenas de ser diligentes em ensiná-los a obedecer. Uma das piores coisas que os pais podem fazer nos anos da adolescência é desistir e permitir que a criança se rebele.

Você precisa *ensinar* seus filhos a obedecer. Eles não são obedientes naturalmente. E se você pensa que ensiná-los a obedecer será uma tarefa simples, você está prestes a ter uma surpresa desagradável. Seus filhos serão bons na arte da desobediência; você não terá de ensinar-lhes a *desobedecer*. Ninguém nunca teve de explicar a uma criança como desobedecer. Nenhum pai ou mãe jamais disse a uma criança pequena: "Vamos fazer uma brincadeira para eu lhe mostrar como desobedecer." Eles dominam a desobediência muito bem, é natural para eles. Eles são especialistas em desobedecer desde o princípio. Por isso, a obediência é algo que eles precisam *aprender*.

Há algo na natureza humana que resiste à obediência. Diga à criança mais pequenina para não tocar em alguma coisa que está sobre a mesa do café, e ela irá exatamente em direção àquilo assim que o pai ou a mãe der as costas, se não o fizer até mesmo antes. Até o apóstolo Paulo escreveu sobre a inclinação humana para a desobediência, observando que ele próprio não estava isento dela: "Eu não saberia o que é a cobiça, se a Lei não dissesse: 'Não cobiçarás'. Mas o pecado, aproveitando a oportunidade dada pelo mandamento, produziu em mim todo tipo de desejo cobiçoso" (Romanos 7:7-8). As crianças nascem sabendo como desobedecer. Elas precisam ser *ensinadas* e obedecer.

CONFRONTANDO A IMATURIDADE DA CRIANÇA

Há um grande clamor público hoje em dia para que se libertem os filhos. Os progressistas estão constantemente falando sobre os "direitos das crianças". Cheguei a ver alguns materiais de uma organização cristã incentivando ostensivamente os pais a defenderem os direitos de seus filhos, dando-lhes liberdade de expressão, direito à privacidade, ao respeito próprio, e daí por diante. De acordo com esse grupo, o maior problema dos filhos hoje é que os pais estão atropelando seus direitos.

Essa tendência é um eco do humanismo — essa *não* é uma visão bíblica. Quando a Palavra de Deus discute o papel dos filhos na família, a ênfase está nas *responsabilidades*, e não nos *direitos*. E a *principal* responsabilidade de todo filho é obedecer aos pais.

Eles têm um problema básico: eles são filhos. Além de suas tendências *pecaminosas*, eles são assediados por fraquezas humanas — ignorância, imaturidade e fragilidades de todos os tipos — que tornam necessário que eles obedeçam à autoridade superior de seus pais, dada por Deus.

Até Jesus, apesar de ser perfeito e sem pecado, teve de *aprender* a obediência quando era uma criança humana. Ele nunca *des*obedeceu ou agiu de forma pecaminosa, é claro. Na sua humanidade, ele foi tudo que um filho podia ser. Ele viveu sem mancha, sem pecado, totalmente imaculado pela depravação que atormenta o restante de nós, mas, como alguém "nascido sob a lei" (Gálatas 4:4), teve de se subordinar a seus pais terrenos de acordo com o Quinto Mandamento. E ele *realmente* se submeteu a eles (ver Lucas 2:51).

Esta é uma verdade notável: até Jesus aprendeu a obediência. Em sua humanidade, a obediência era algo que tinha de lhe ser ensinado. A Bíblia diz: "Ele aprendeu a obediência pelas coisas que sofreu" (Hebreus 5:8). Como alguém que é perfeito e sem pecado, o Deus onisciente em carne, pode *aprender* alguma coisa, principalmente a obediência? Não há como qualquer um de nós desvendar todo o mistério desse conceito.

Ainda assim, a Bíblia é clara ao nos dizer que Jesus *realmente* cresceu e aprendeu, e seu crescimento e aprendizado quando criança foram como o de qualquer outra criança, exceto quanto a sua condição de não ter pecado. Ele cresceu de quatro maneiras: "Jesus ia crescendo em sabedoria, estatura e graça diante de Deus e dos homens" (Lucas 2:52). Ele cresceu intelectual, física, social e espiritualmente.

Todos os filhos precisam crescer nessas quatro áreas. Como filhos, falta-lhes sabedoria, falta-lhes estatura física; eles precisam crescer em favor de Deus, e ainda precisam adquirir todas as habilidades sociais necessárias para lidar com as outras pessoas. Eles estão carregados de todas as desvantagens da imaturidade, somada à maldição do pecado, e é nossa tarefa prepará-los para enfrentar a corrupção do mundo.

AJUDANDO-OS A CRESCER EM SABEDORIA, EM ESTATURA E EM FAVOR DE DEUS E DOS HOMENS

Como podemos cuidar das necessidades intelectuais, físicas, sociais e espirituais de nossos filhos? Em primeiro lugar, é útil ter uma boa noção do quanto essas necessidades são realmente profundas. Nossos filhos nasceram ignorantes, fisicamente fracos, espiritualmente deficientes e socialmente limitados. Praticamente tudo que eles precisam saber sobre a vida deve lhes ser ensinado.

A necessidade intelectual

Em primeiro lugar, os filhos não têm critério. Eles não sabem o que é bom para eles e o que não é. Os bebês não sabem sequer o que é bom para comer. Eles colocam sujeira, insetos ou *qualquer outra coisa* na boca. Quando crescem um pouco mais, podem desenvolver um gosto mais apurado, mas até mesmo a maioria dos adolescentes, se for deixada por conta própria, escolherá coisas como sucrilhos e lanches no lugar de legumes e comidas saudáveis.

Nossos filhos precisam aprender a ter critério. No capítulo quatro, enumeramos dez princípios de sabedoria prática para a vida. Mais uma vez, você precisa *ensinar* estas coisas aos seus filhos. Provavelmente, eles não as descobrirão sozinhos. Eles não nasceram com esse conhecimento e precisam crescer em sabedoria.

E, enquanto estão crescendo e aprendendo, eles devem obedecer a seus pais, a fim de garantir que sua falta de sabedoria não os desvie.

A necessidade física

Em segundo lugar, as crianças nascem fracas e incapazes de se defender. De todos os maiores mamíferos da Criação de Deus, somente o homem nasce sem nenhuma capacidade de se sustentar. Os humanos recém-nascidos são completamente incapazes de andar, engatinhar ou mesmo rolar. Os pais assumem a responsabilidade de alimentá-los, de trocá-los, de garantir que eles tenham o descanso adequado e de protegê-los de todo mal. Se alguém *não* fizer tudo isso por eles, eles morrem.

E à medida que crescem, eles ganham força, coordenação e a capacidade de se locomoverem por conta própria. Pouco a pouco eles adquirem a capacidade de cuidar de si mesmos. Enquanto isso, a autoridade dos pais sobre eles é parte do guarda-chuva de proteção que Deus lhes deu para compensar as fraquezas físicas.

A necessidade social

Em terceiro lugar, as crianças enfrentam uma grande necessidade de aprender alguns comportamentos sociais básicos, já que não estão socialmente condicionadas quando nascem. Na verdade, elas são totalmente egocêntricas. Suas *únicas* preocupações têm a ver com as próprias necessidades. Elas choram quando estão com fome; elas choram quando estão cansadas; e elas choram quando precisam ser trocadas. Nenhum bebê chora por causa da necessidade de seu vizinho. Eles não sentem a dor de ninguém. Eles gritam somente pela própria dor. Não têm compaixão. Não têm interesse em nada que se passa com a família. Não prestam atenção à conversa. Não se esforçam para ajudar em nada. Eles só se preocupam consigo mesmos.

E, à medida que crescem, eles precisam ser "desmamados" dessa visão egocêntrica do mundo. Mas nenhuma criança acha isso fácil. Elas não querem dividir seus brinquedos. Elas querem tudo *agora*. Brigam com os irmãos e vizinhos e ainda são o centro de seu próprio mundo. E se elas quiserem amadurecer o suficiente para perder essa perspectiva, precisam ser ensinadas a fazer isso.

Enquanto isso, elas precisam aprender a obedecer, porque a obediência aos pais é o primeiro passo para saírem desse egocentrismo imaturo e infantil.

A necessidade espiritual

Por fim, as crianças têm necessidades espirituais enormes. Elas não aprenderão a amar Deus naturalmente. Precisam ser ensinadas sobre a verdade espiritual ou jamais crescerão espiritualmente. Sua ignorância espiritual, somada a sua depravação natural, trabalha contra elas constantemente.

A verdade de Romanos 8:7-8 se aplica até mesmo à criança mais nova e não regenerada: "A mentalidade da carne é inimiga de Deus porque não se submete à Lei de Deus, nem pode fazê-lo. Quem é dominado pela carne não pode agradar a Deus." Eles possuem uma incapacidade inerente de obedecer a Deus, de amá-lo ou de agradar-lhe. O coração deles é inclinado para o mal. "A insensatez está ligada ao coração da criança" (Provérbios 22:15).

E com tantas desvantagens espirituais trabalhando contra os filhos, Deus os colocou sob a autoridade dos pais como uma proteção para impedir que se desviem espiritualmente.

Portanto, a autoridade dos pais é como o ambiente de uma estufa, onde a criança pode crescer com mais segurança. Se os pais não derem essa proteção através de sua autoridade sobre a criança, todo crescimento — intelectual, social, físico e espiritual — será atrofiado.

ENTENDENDO A OBEDIÊNCIA

"Obediência" em Efésios 6:1 é um termo gráfico simples. O apóstolo Paulo emprega a palavra grega *hupakouo*. A raiz da qual ela é formada significa "ouvir" ou "dar ouvidos", e envolve a ideia de ouvir atentamente e se conformar a uma ordem, denotando uma atitude interna de respeito e honra, assim como atos externos de obediência. O apóstolo Paulo enfatiza a conduta interior citando o Quinto Mandamento: "*Honra* teu pai e tua mãe" (v. 2, grifo do autor).

Mais uma vez, a *atitude* de honra e respeito é um compromisso para toda a vida, cultivado por uma infância e juventude cheias de atos de obediência.

A palavra traduzida por "honra" no versículo 2 é *timao*, que significa uma honra reverente. Na verdade, é a mesma palavra grega usada em João 5:23 para falar sobre reverência e honra em relação a Deus: "Que todos honrem o Filho como honram o Pai." Assim, essa é uma palavra poderosa, que sugere que os filhos devem a seus pais um ato de obediência motivado pela honra e pelo respeito reverentes, para que haja uma atitude certa por trás da ação certa.

Qual é a importância da obediência? Observamos no início do capítulo que o Quinto Mandamento é o único dos Dez Mandamentos que é reforçado por uma promessa. Ele também está no topo da Segunda Tábua da lei. Você já percebeu que ele também é o único dos Mandamentos que trata sobre como a família funciona? Isso porque ela é o fundamento de todos os relacionamentos corretos, tanto no lar quanto fora dele. Um lar no qual os filhos respeitam seus pais será um lar harmonioso. E uma pessoa que cresce com um senso de obediência, um senso de disciplina e um senso de respeito aos pais será alguém que poderá fazer qualquer tipo de relacionamento humano funcionar em qualquer nível.

Em outras palavras, o projeto de Deus é que todos os relacionamentos humanos tenham como fundamento o que é aprendido por meio da obediência na infância. Se os filhos aprenderem o respeito e a submissão na família, isso os capacitará ao longo da vida a ter relacionamentos saudáveis. Mas se criarmos uma geração de filhos indisciplinados que não sabem o que é o respeito à autoridade, não apenas prejudicaremos os relacionamentos de nossos filhos, como também estaremos ajudando a criar um mundo caótico.

Para mostrar o quanto Deus levava a sério esse mandamento, observe que Êxodo 21:15, Levítico 20:9 e Deuteronômio 21:18-21 exigem uma sentença de morte por apedrejamento para os filhos incorrigíveis ou violentamente rebeldes. Podemos imaginar que impacto teria sobre a cultura da juventude se nossa sociedade colocasse em vigor uma punição capital contra os filhos delinquentes!

Deus ordena que os filhos obedeçam, e ele aponta os pais como os responsáveis por ensinar-lhes essa obediência. Esse é um dos objetivos supremos da criação de filhos: gerar filhos obedientes. Não existe uma tarefa mais básica ou essencial para qualquer mãe ou pai.

HONRANDO O SENHOR NA FAMÍLIA

Veja novamente Efésios 6:1: "Filhos, obedeçam a seus pais *no Senhor*." A expressão "no Senhor" significa "por amor ao Senhor". O comentarista puritano Matthew Henry escreveu:

Alguns encaram isso como uma limitação e assim entendem: "tanto quanto seja compatível com o seu dever com Deus." Não devemos desobedecer a nosso Pai celestial na obediência a nossos pais terrenos, pois nossa obrigação com Deus é anterior e superior a todas as outras. Encaro isso, no entanto, deste modo: "Filhos, obedeçam a seus pais; pois o Senhor o ordenou; obedeçam-nos, portanto, por amor ao Senhor, e tendo o Senhor como meta."[1]

O Senhor colocou os pais acima das crianças. A autoridade deles se origina nele. Portanto, quando os filhos obedecem corretamente eles o fazem como se ao Senhor (ver Colossenses 3:23-24). Em certo sentido, então, os pais estão no lugar do Senhor, e os filhos devem obedecer-lhes *em tudo*, pois isso agrada ao Senhor" (v. 20, grifo do autor).

A única exceção seria se os pais ordenassem à criança algo mau. É aí que a obediência deve parar. Se as ordens dos pais estiverem claramente em conflito com a Palavra revelada de Deus, "é preciso obedecer antes a Deus do que aos homens" (Atos 5:29). Todos os pais cometerão erros e às vezes serão incoerentes, mas isso não anula a autoridade que Deus lhes deu. À medida que os filhos crescem, sem dúvida haverá vezes em que eles discordarão das instruções de seus pais. Contudo, isso também não anula a responsabilidade dos filhos de obedecerem. Os pais são responsáveis perante Deus pela sua liderança; os filhos são responsáveis perante ele por sua obediência.

Alguns pais tentam impor a seus filhos um comportamento que Deus proibiu. Conheci jovens cujos pais não cristãos os proibiam de ler suas Bíblias ou até de mencionar o nome de Cristo. Alguns pais incrédulos tentaram obrigar seus filhos crentes a renunciarem a Cristo. Nesses casos, o dever do filho é obedecer a Deus e não aos homens.

Mas suponhamos que um pai instrua seu filho a cortar a grama no sábado. Será que o filho tem o direito de desobedecer só porque ele acredita que Deus quer que ele passe o dia em outro lugar? É claro que não. "Obedecer antes a Deus do que aos homens" é questão de seguir sua Palavra revelada, e não tem nada a ver com sentimentos subjetivos caprichosos sobre o que achamos que o Senhor está nos dirigindo a fazer. A instrução de Deus aos filhos *neste ponto* está clara em Efésios 6:1: "Obedeçam aos seus pais." O filho deve cortar a grama. Somente se os pais exigirem que o filho desobedeça à revelação inspirada por Deus — a Bíblia (ver 2Timóteo 3:16) — é que ele estará em uma posição de ir contra os desejos dos pais.

E se Deus colocar um filho na posição de ter de desobedecer aos pais para obedecer a ele, até mesmo isso não é desculpa para uma atitude desafiadora e rebelde. O filho deve sofrer de bom grado as consequências de desobedecer a seus pais. Conheci jovens que foram expulsos de suas famílias por causa de seu testemunho de Cristo. Foi exatamente isso que Jesus quis dizer quando declarou:

> Pois eu vim para fazer que "o homem fique contra seu pai, a filha contra sua mãe, a nora contra sua sogra; os inimigos do homem serão os da sua própria família". Quem ama seu pai ou sua mãe mais do que a mim não é digno de mim; quem ama seu filho ou sua filha mais do que a mim não é digno de mim. (Mateus 10:35-37).

Felizmente, é muito raro os pais perseguirem seus filhos a esse ponto, mesmo em nossa sociedade, que odeia Deus. A norma é que até nas famílias não cristãs os filhos podem e devem obedecer a seus pais *em tudo*, e eles glorificam a Deus ao fazer isso.

Por que Deus é glorificado quando os filhos se submetem à autoridade de seus pais? Como Deus é glorificado quando um filho crente se submete aos pais incrédulos? Efésios 6:1: "Pois isso é justo." Foi assim que Deus ordenou a família, e simplesmente é *justo* que os filhos obedeçam aos pais.

Alguém dirá: "Mas onde está a comprovação psicológica? Quem fez os estudos de caso? Qual é a opinião dos especialistas em desenvolvimento infantil sobre isso?"

E o que alguém mais pensa importa? Afinal, é isto que *Deus* diz: obedecer a seus pais é justo. "Os preceitos do Senhor são justos, e dão alegria ao coração" (Salmos 19:8). "Considero justos os teus preceitos e odeio todo caminho de falsidade" (Salmos 119:128). "Quem é sábio? Aquele que considerar essas coisas. Quem tem discernimento? Aquele que as compreender. Os caminhos do Senhor são justos; os justos andam neles, mas os rebeldes neles tropeçam" (Oseias 14:9).

Não precisamos de um atestado psicológico. Não precisamos investigar as teorias das pessoas que pensam de modo diferente. Não precisamos que os especialistas confiram credibilidade ao que a Bíblia diz. Deus diz que isso é justo. E como cristãos, nossa confiança em sua preciosa Palavra é tal que consideramos o assunto definido.

Deus é honrado quando os filhos obedecem aos pais, simplesmente porque foi isso que ele ordenou.

DISCERNINDO A INTENÇÃO POR TRÁS DA AÇÃO

Observe que o foco do Quinto Mandamento está na atitude e não meramente no ato da obediência. O mandamento em si não usa sequer a palavra "obedecer". Ele diz: "*Honra* teu pai e tua mãe" (Efésios 6:2, grifo do autor). Isso descreve a disposição do coração. Isso elimina a obediência relutante, a obediência irada ou qualquer demonstração de obediência na qual o coração permanece em atitude desafiadora. A aceitação externa que encobre um coração insubordinado não é a obediência que honra Deus. Está claro que a obediência meramente externa não é o que é exigido em Efésios 6:1.

A *honra* é a atitude por trás do ato. Obediência sem honra não é nada mais que hipocrisia — e hipocrisia é pecado. Esse tipo de hipocrisia é um pecado que todos os filhos são inclinados a cometer, e os pais sábios lidarão não apenas com os *atos* de desafio, como também com as atitudes internas erradas.

Não podemos julgar o coração (ver 1Samuel 16:7), então como os pais podem saber quanto a atitude interna da criança é errada? É verdade que os pais nem sempre podem saber com certeza o que o filho está pensando, mas há certos sinais reveladores que devemos procurar. Na verdade, os filhos geralmente não são muito sutis na demonstração de seu descontentamento. Quando ele reclama e resmunga, ou exibe um semblante fechado, é óbvio que a atitude interna está errada. A amargura e o desprazer muitas vezes se revelam em resmungos e queixas contidas. Quando os pais observarem esse comportamento em seus filhos, devem tratar esse problema.

Meus filhos podem testemunhar que foram disciplinados muito mais por suas atitudes internas que por seus atos. Descobrimos que, quando os pais tratam das atitudes internas erradas, as ações praticamente cuidam de si mesmas. Descobrimos que ao captarmos a atitude de desafio interna, pudemos evitar a maioria dos comportamentos desafiadores.

O que os pais devem fazer é transmitir a Palavra de Deus a seus filhos, para que ela adentre a consciência deles e oriente suas ações. "Pois a palavra de Deus é viva e eficaz, e mais afiada que qualquer espada de dois gumes; ela penetra até o ponto de dividir alma e espírito, juntas e medulas, e julga os pensamentos e intenções do coração" (Hebreus 4:12). A Bíblia é "útil para o ensino, para a repreensão, para a correção e para a instrução na justiça" (2Timóteo 3:16). E se o coração da criança estiver alimentado pela Palavra de Deus, sua própria consciência muitas vezes repreenderá as atitudes erradas.

A consciência é um sistema de alarme dado por Deus.[2] Ela é como uma campainha que apita ou um sinal vermelho que acende quando algo está errado. A consciência reage aos valores morais que a mente adotou. Em sua graça, Deus equipa toda criança com um senso de certo e errado. Foi disso que o apóstolo Paulo falou em Romanos 2:14-15, quando ele afirmou que até os gentios têm a Lei de Deus escrita em seus corações, e a consciência deles dá testemunho disso: "De fato, quando os gentios, que não têm a Lei, praticam naturalmente o que ela ordena, tornam-se lei para si mesmos, embora não possuam a Lei, pois mostram que as exigências da Lei estão gravadas em seu coração. Disso [dá] testemunho também a sua consciência." Em outras palavras, todos nascem com um conhecimento inato de certo e errado. Em certa medida, "o que de Deus se pode conhecer é manifesto entre eles" (Romanos 1:19).

Se deixadas à própria sorte, as pessoas inevitavelmente suprimirão a Lei de Deus que está escrita em seus corações. Elas têm um conhecimento do que é certo e errado, mas o fato é que simplesmente amam o que é errado. Não querem reter Deus em seu conhecimento (v. 28) tentando de todas as formas — racionalização, negação ou suas imaginações malignas — sufocar o conhecimento dado por Deus e informar à consciência os valores morais que mais lhes agradam.

A cultura secular exerce também um efeito negativo, unindo forças com a imaginação maligna a fim de subverter a Lei de Deus no coração e reconstruir o código moral que dirige a consciência.

Os pais podem combater essa tendência ajudando a encher o coração da criança com a Palavra de Deus. A memorização, o estudo da Bíblia em família e as conversas diárias são oportunidades de plantar a verdade bíblica no pensamento da criança. Mais uma vez, é isso o que Deuteronômio 6:7 instrui os pais a fazer: "Ensine-as com persistência a seus filhos. Converse sobre elas quando estiver sentado em casa, quando estiver andando pelo caminho, quando se deitar e quando se levantar."

Uma mente e uma consciência impulsionadas pela Palavra de Deus se tornam uma fonte de atitudes corretas.

De muitas maneiras, a atitude de obediência é muito mais vital do que o ato em si, porque se a atitude for correta, o ato a seguirá naturalmente. Mas a ação certa com a atitude errada não é nada mais que hipocrisia. A criança que age com hipocrisia não está realmente honrando seus pais.

Observamos anteriormente que a palavra grega traduzida como "honra" fala de uma estima que chega à reverência. Os filhos devem venerar seus pais — isso é, tê-los em tão alta admiração e respeito que os vejam com certa adoração.

Entretanto, a palavra "honra" pode também significar outra coisa. Em 1Timóteo 5:17, o apóstolo Paulo usa a mesma palavra grega para "honra": "Os presbíteros que lideram bem a Igreja são dignos de dupla honra, especialmente aqueles cujo trabalho é a pregação e o ensino." Ele está falando do apoio financeiro. Os presbíteros que governam bem são dignos de honorários dobrados. O versículo 18 torna esse significado inconfundível: "Pois a Escritura diz: 'Não amordace o boi enquanto está debulhando o cereal', e 'o trabalhador merece o seu salário'."

Antes de qualquer coisa, honrar os pais é uma atitude, mas a verdadeira honra também envolve a disposição de cuidar deles quando tiverem necessidades. Nossos pais nos dão tudo que precisamos nas primeiras duas décadas de nossas vidas. Finalmente chega um tempo para a maioria das famílias em que os filhos precisam ajudar a sustentar seus pais.

Esse foi exatamente o problema que Jesus tratou com os fariseus em Mateus 15:4-8: "Pois Deus disse: 'Honra teu pai e tua mãe' e 'Quem amaldiçoar seu pai ou sua mãe terá que ser executado'. Mas vocês afirmam que se alguém disser ao pai ou à mãe: 'Qualquer ajuda que eu poderia lhe dar já dediquei a Deus como oferta', não está mais obrigado a sustentar seu pai. Assim, por causa da tradição, vocês anulam a Palavra de Deus. Hipócritas! Bem profetizou Isaías de vocês, dizendo: 'Este povo me honra com os lábios, mas o seu coração está longe de mim'."

Observe que por trás da recusa deles de suprir as necessidades de seus pais estava uma atitude de hipocrisia, e foi a ela que Jesus direcionou sua repreensão.

Os filhos cujas *atitudes* são corretas — cuja honra por seus pais vem do coração — reterão esse profundo respeito e amor ao longo da vida. Alimento com carinho a ideia de que se algum dia meus pais chegarem a um ponto na vida em que tenham necessidades que eu possa suprir, poderei devolver um pouco do cuidado amoroso que eles demonstraram por mim quando eu estava crescendo. Isso faz parte da honra. Essa é a maneira como Deus projetou a família.

Entretanto, tudo depende da atitude correta. Os pais que estão preocupados com a ação dos filhos, mas deixam de tratar da atitude interna deles, sofrerão as consequências.

RECEBENDO OS BENEFÍCIOS DA PROMESSA

Vamos examinar a promessa que acompanha o Quinto Mandamento: "Para que tudo te corra bem e tenhas longa vida sobre a terra" (Efésios 6:3). Mais uma vez, esse é o único dos Dez Mandamentos que é acompanhado de uma bênção prometida àqueles que obedecerem a ele. Esse mandamento, por ser a chave para todos os relacionamentos humanos, é tão vital que o próprio Deus o enfatizou com a inclusão dessa promessa.

Há dois aspectos nessa promessa: "Para que tudo te corra bem." Isso promete *qualidade* de vida. "E tenhas longa vida sobre a terra." Isso promete *quantidade* de vida. Aqueles que honram seus pais tendem a viver vidas mais plenas e mais longas que aqueles que crescem como filhos desafiadores.

Alguns limitariam essa promessa à Israel do Antigo Testamento, nação terrena por meio da qual Deus levantaria a linhagem do Messias. Logo, eles eram os receptores de muitas promessas palpáveis, terrenas e físicas que não se aplicavam literalmente aos cristãos (ver Gênesis 13:15; Ezequiel 37:21-28). Mas o apóstolo Paulo cita essa promessa como sendo aplicável também aos irmãos do Novo Testamento.

Essa promessa é uma garantia inflexível? Ela significa que a recompensa pela submissão a nossos pais é *sempre* uma vida longa e abundante? Não. Alguns que obedecem a seus pais e os honram morrem ainda jovens. Mas colocando de lado todas as exceções à regra, certamente é verdade que a obediência resulta em uma vida mais longa e mais harmoniosa, e que uma atitude desafiadora sempre causa infelicidade, fazendo com que muitas vezes as pessoas morram cedo.

Em outras palavras, a submissão aos pais é do interesse do próprio filho. Ela não apenas é *certa* aos olhos de Deus (ver Efésios 6:1), como também é o melhor para o filho. A obediência manterá o filho protegido de um mundo mau. Uma atitude correta de submissão e respeito o salvará de uma vida de amargura, ira e ressentimento. Em geral, ela prolongará a vida, e com certeza a tornará mais abundante e mais plena.

Capítulo 6
A disciplina e o conselho do senhor

Pais, não irritem seus filhos; antes criem-nos segundo a instrução e o conselho do Senhor.

— Efésios 6:4

O DEVER DOS FILHOS NO LAR É OBEDECER. O lado oposto é dever dos *pais*: ensinar-lhes essa obediência em um ambiente de instrução temente a Deus, sem irritá-los nesse processo, contudo.

É uma ordem difícil. Não é algo que aconteça naturalmente para os pais, assim como a obediência não vem naturalmente para os filhos.

Falamos muito sobre o efeito da depravação humana na criança. Porém, precisamos nos lembrar de que os pais também são depravados. Nossas inclinações naturais são voltadas para o pecado, assim como as de nossos filhos. Os pais *cristãos* têm uma grande vantagem, porque como são pessoas redimidas, têm corações regenerados. Eles têm desejos piedosos e vontades justas. Diferentemente das pessoas não regeneradas, eles são capazes de realmente amar Deus e, de fato, o amor a Deus é a paixão motriz que distingue o verdadeiro cristão (ver Romanos 8:28; 1João 5:2).

Mesmo assim, até os pais cristãos ainda lutam contra os remanescentes de seus apetites carnais e de seus hábitos ímpios. Assim como o apóstolo Paulo, muitas vezes nos vemos fazendo exatamente as coisas que odiamos (ver Romanos 7:15-24). Somos todos terrivelmente inclinados ao comportamento carnal e pecaminoso, e isso tem um efeito inevitável na criação de nossos filhos.

Como observamos no capítulo anterior, Deus designou aos pais a autoridade sobre os filhos, e ordenou aos filhos que obedecessem a seus pais "em tudo" (ver Colossenses 3:20). Isso não significa, entretanto, que os pais estão sempre certos. Há vezes em que eles permitem que suas próprias atitudes e atos pecaminosos venham à tona na criação dos filhos. Quando fazemos isso, irritamos a criança. E Deus adverte solenemente aos pais que não deixem isso acontecer.

"Pais, não irritem seus filhos; antes criem-nos segundo a instrução e o conselho do Senhor" (Efésios 6:4). O mesmo mandamento ecoa em Colossenses 3:21: "Pais, não irritem seus filhos, para que eles não desanimem."

Nossa primeira impressão ao ler esse versículo é a de que ele se dirige ao pai em particular, porque ele é o líder da casa, ou talvez porque o pai tenha mais tendência a irritar os filhos do que a mãe. Porém, uma olhada mais de perto revela que esse mandamento não é dirigido apenas ao pai necessariamente. A palavra traduzida como "pais" em Efésios 6:4 é *patera*, que *pode* se referir ao pai em particular, mas em geral é usada para falar tanto do pai quanto da mãe. Hebreus 11:23, por exemplo, diz: "Pela fé Moisés, recém-nascido, foi escondido durante três meses por seus pais [*patera*]." Ali a palavra se refere claramente a ambos os pais. Estou convencido de que Efésios 6:4 está usando *patera* de forma semelhante, de forma que o princípio desse versículo englobe tanto a mãe quanto o pai. Logo, as *responsabilidades* de instruir, criar e aconselhar pertencem claramente tanto às mães quanto aos pais.

Nos dias de Paulo, Efésios 6:4 literalmente confrontou toda a ordem social. As famílias eram presididas pelo pai (e não pelos pais), que podia fazer o que quisesse no contexto de sua família, sem qualquer remorso ou estigma social. Nenhum pai romano tinha o dever de evitar provocar a ira de seus filhos. A responsabilidade de não provocar a ira de seu *pai* pertencia somente ao filho, e se ele o fizesse, as consequências podiam ser severas.

Roma tinha uma lei chamada *patria potestas* ("o pátrio poder"). Esse princípio dava aos homens que eram cidadãos romanos poderes de propriedade absolutos sobre suas famílias. Os filhos, a esposa e até os escravos eram vistos como bens pessoais do patriarca, e ele podia fazer com eles o que bem desejasse. Por lei, ele tinha plena autoridade para dispor de todas as questões da família ou dos membros dela, da maneira que lhe agradasse.

Com efeito, então, o *patria potestas* também dava ao patriarca autoridade absoluta sobre todas as áreas da vida de seus filhos. Era ele que arranjava os casamentos, podendo também obrigá-los a se divorciarem. Um pai insatisfeito podia até matá-los se quisesse — tudo isso sem recorrer a um tribunal.

Quando um filho nascia, a criança era colocada entre os pés do pai. Se ele pegasse o filho, a criança ficava na casa. Se ele se virasse e se afastasse, a criança era deixada para morrer ou levada ao fórum e vendida em leilão. A maioria dos filhos leiloados no nascimento era criada para trabalhar como prostitutas ou escravos.

Um homem romano chamado Hilary escreveu esta carta a sua esposa, Alis, em algum momento do século I a.C.:

Sinceras saudações. Observe que ainda estamos em Alexandria. Peço-lhe e suplico-lhe que cuide da criancinha, e assim que recebermos o salário, eu o enviarei a você. Se — desejo-lhe boa sorte — você tiver outro filho, se for menino, deixe-o viver; se for menina, exponha-a [jogue-a fora].[1]

Sêneca, contemporâneo do apóstolo Paulo, descreveu a política romana em relação aos animais indesejados: "Matamos um boi selvagem; estrangulamos um cachorro louco; enfiamos uma faca em uma vaca doente. As crianças que nascem fracas ou deformadas, afogamos." Era assim que a sociedade enxergava os filhos no tempo do apóstolo Paulo.

Na verdade, a situação não está melhor hoje — podem até estar piores. Milhões de bebês indesejados são abortados a cada ano. As estatísticas mostram que a maioria das crianças nos orfanatos dos Estados Unidos não está ali porque é órfã ou porque sua família não tem condições financeiras de criá-la. A maioria está ali simplesmente porque seus pais não a quiseram. Os filhos se tornaram um bem descartável em nossa sociedade, assim como na antiga Roma.

A Bíblia chama os pais cristãos a um padrão diferente. Essa foi uma atitude revolucionária nos dias do apóstolo Paulo, e ela ainda se choca com os valores da sociedade atual. Os filhos não devem ser vistos como propriedade dos pais. Em vez disso, a Palavra de Deus fala aos pais como mordomos do Senhor, responsáveis por fornecer um ambiente de instrução adequado para os filhos, os quais o Senhor em sua graça colocou sob os cuidados deles. Como todos os mordomos, os pais prestarão contas no fim de como cumpriram com sua mordomia. E os principais padrões pelos quais a maneira como criamos nossos filhos será julgada são os que Paulo estabelece em Efésios 6:4.

Quais são os deveres específicos que o apóstolo Paulo delineia nesse versículo crucial? Vejamos:

NÃO PROVOQUE SEUS FILHOS À IRA

"[Pais], não provoquem seus filhos à ira", escreveu Paulo. Isso é uma advertência, um aviso, destinado a fazer com que os pais não excitem a ira de seus filhos, quer deliberadamente, quer por meio de provocações descuidadas e desnecessárias.

Há vezes, é claro, em que os filhos ficam irados com os pais de forma pecaminosa sem qualquer provocação. O próprio egoísmo, a imaturidade ou as atitudes erradas da criança podem ser a causa da ira. Nesses casos, é a criança quem está pecando.

Mas há outras vezes em que os pais são culpados por provocarem seus filhos à ira irritando-os de forma insensível, implicando com eles deliberadamente, menosprezando-os de forma dura, ou através de uma série de outros meios intencionais ou descuidos que os irritam. Quando isso acontece, são os pais que estão pecando — e provocando o filho a pecar também.

Lembre-se de que Deus ordena que nossos filhos nos honrem. Portanto, quando os pais provocam seus filhos à ira, eles estão fazendo com que eles pequem contra o Quinto Mandamento. Nesses casos, os pais não apenas são culpados perante Deus por desobedecerem a Efésios 6:4, mas também são duplamente culpados por fazerem com que a criança tropece. Esse é um pecado extremamente destrutivo.

Os pais cristãos que incitam seus filhos a irar-se ou deixam de dar-lhes a instrução e o conselho do Senhor perdem todos os benefícios de uma família caracteristicamente cristã. Não é nem um pouco saudável para uma criança uma família nominalmente cristã na qual os pais invocam o nome do Senhor, mas deixam de dar a instrução e o conselho amoroso adequados. Muitos filhos de famílias "cristãs" como essas acabam sendo mais hostis aos ensinamentos do Senhor do que as crianças que cresceram em ambientes totalmente pagãos. Os pais cristãos que negligenciam Efésios 6:4 colherão o que plantaram — dor e sofrimento iguais ou superiores aos das famílias do mundo.

A palavra grega traduzida como "provocar" é *parorgizo*, que significa "irar" ou "enfurecer". Ela poderia descrever uma rebelião aberta, declarada; ou também poderia se referir a uma repressão de sentimentos internos ou a uma agitação interior, uma cólera secreta. Ambos os tipos de ira são vistas comumente nos filhos cujos pais os provocaram.

Como os pais deixam seus filhos irados? Há muitas formas de fazer isso. Eis algumas mais comuns:

Superproteção

Você pode irritar seus filhos protegendo-os em excesso a ponto de sufocá-los. Nunca confiando neles. Ou sempre presumindo que eles não estão lhe dizendo a verdade. Nunca dando a eles a oportunidade de desenvolverem a independência, e assim fazendo com que se sintam reprimidos e esmagados.

Esse é um perigo característico do mundo de hoje. Os pais certamente precisam proteger seus filhos, principalmente em um ambiente no qual há tantos perigos. Quando eu era criança, podia perambular livremente por nosso bairro. Eu podia subir em minha bicicleta e pedalar por ali com uma relativa segurança. Infelizmente, o mundo hoje é muito mais perigoso do que era antes, e muitos pais vivem em bairros nos quais simplesmente não podem dar a seus filhos tanta liberdade assim.

Mas a superproteção também oferece um perigo. Você se lembra de Labão no Antigo Testamento? Ele era um pai superprotetor e domador. Ele tratou Jacó desonestamente para fazer com que ele se casasse com Lia, sua filha mais velha, embora Jacó amasse Raquel, a mais nova. Então Labão permitiu que Jacó também se casasse com Raquel em troca da promessa de que Jacó ficaria e trabalharia para Labão por sete anos (ver Gênesis 29:26). Quando chegou o tempo de Jacó seguir em frente, Labão pediu que ele ficasse (ver 30:25-27). Sua maneira superprotetora de criar suas filhas e sua posterior intromissão no casamento de seu genro propiciou a suas próprias filhas um casamento saudável.

Ironicamente, apesar da intromissão superprotetora de Labão na vida das filhas, elas concluíram que o pai delas não se importava com elas de verdade, que ele as considerava como estranhas e havia consumido a herança à qual elas tinham direito. (ver 31:14-17). O que ele, sem dúvida, considerava ser uma expressão de ligação paterna tornou-se para elas uma evidência de que ele realmente não as amava.

Os pais que sufocam seus filhos muitas vezes convencem a si mesmos de que estão agindo para proteger os interesses da criança. Mas essa é uma maneira garantida de provocar seu filho à ira. A superproteção transmite à criança uma falta de confiança. Os filhos superprotegidos por seus pais começam a perder a esperança de conquistar a confiança dos pais, podendo até concluir que a maneira como se comportam é irrelevante. Regras e restrições sem privilégios se tornam uma prisão sufocante. Muitos que não conseguem tolerar esse confinamento finalmente se rebelam.

Os filhos precisam ter certo nível de liberdade e independência para poderem crescer, aprender e cometer os próprios erros. Eles nunca aprenderão a lidar com a responsabilidade a não ser que lhes seja dado algum grau de liberdade. As mães que amarram seus filhos na barra de suas saias estão apenas alimentando o ressentimento. E os pais que se recusam a dar a seus filhos espaço para respirar irão irritá-los exatamente da maneira que Efésios 6:4 proíbe.

Excesso de complacência

O lado inverso da superproteção é o excesso de complacência. Os pais excessivamente permissivos — os pais que mimam seus filhos — têm tanta probabilidade de provocá-los à ira quanto aqueles que os sufocam.

Estudos provam que os filhos que têm liberdade demais começam a se sentir inseguros e não amados. E por que seria diferente? A Bíblia diz claramente "Quem se nega a castigar seu filho não o ama" (Provérbios 13:24). Os pais complacentes ou que mimam os filhos que se comportam mal na verdade estão demonstrando um comportamento de desamor com eles. Não é de admirar que a criança sinta isso e fique irritada!

Nossa sociedade tem promovido atitudes cada vez mais permissivas com as crianças há muitos anos. Agora estamos colhendo os frutos de toda uma geração de jovens irados.

Favoritismo

Uma terceira maneira segura de provocar nossos filhos à ira é demonstrando favoritismo entre irmãos. Isaque favorecia Esaú em detrimento de Jacó, e Rebeca preferia Jacó a Esaú (ver Gênesis 25:28). Você se lembra da terrível agonia que isso gerou naquela família? Esaú e Jacó se tornaram rivais terríveis. Jacó enganou e trapaceou para tentar se passar por seu irmão e competir pela bênção de seu pai. Ele seduziu Esaú a trocar seu direito de primogenitura e enganou Isaque, com a ajuda de Rebeca, para dar a Jacó a bênção que Isaque pretendia dar a Esaú. A tensão resultante literalmente dividiu a família, e Jacó teve de fugir de seu irmão para salvar sua vida (ver Gênesis 27).

Não obstante, a tendência ao favoritismo também respingou na geração seguinte. O filho mais amado de Jacó era José, a quem ele favoreceu com uma túnica de muitas cores. Isso provocou tamanho ciúme nos outros irmãos que eles conspiraram para matar José. Mas, em vez disso, eles acabaram vendendo José como escravo. E assim outra geração dessa família foi separada. Embora Deus tenha usado isso tudo para o bem, no fim das contas, o favoritismo em si e todo o ciúme que ele provocou foram coisas totalmente malignas e deram muitos frutos ruins.

Não cometa o erro do favoritismo com seus filhos. Não dê presentes ou privilégios a um em detrimento de outro, muito menos compare seus filhos um com o outro. Não diga coisas do tipo: "Por que você não pode ser como seu irmão?" Não use as virtudes ou os talentos de um filho como padrão para medir o desempenho do outro. Não há nada mais humilhante para uma criança do que ser diminuída ou menosprezada por uma comparação pouco bondosa com um irmão ou um colega de classe.

Você quer realmente destruir uma criança pequena? Simplesmente faça-a sentir-se inferior a todos os outros da família. Retrate-a como a ovelha negra da família. Você colocará sobre ela uma terrível sensação de frustração e a provocará à ira nesse processo.

Objetivos não realistas

Muitos pais provocam seus filhos à ira punindo constantemente seu desempenho. Pressione seu filho para cumprir objetivos que você nunca realizou e você o destruirá.

Certamente é responsabilidade de todo pai e mãe encorajar e estimular seus filhos a terem um nível mais alto de desempenho. Em 1Tessalonicenses 2:11 o apóstolo Paulo lembrou aos tessalonicenses suas preocupações paternas por eles: "Pois vocês sabem que tratamos cada um como um pai trata seus filhos." As exortações e as cobranças paternas certamente têm seu lugar, mas observe que elas devem ser equilibradas pelo consolo amoroso. Os pais que apenas empurram seus filhos para realizarem mais, sem consolá-los em meio aos fracassos, estão incitando seus filhos ao ressentimento.

Empurre seus filhos para objetivos irrealistas ou irrealizáveis e você roubará deles qualquer senso de realização. Quando meus filhos eram pequenos e praticavam esportes, parecia que todos os times nos quais eles jogavam tinham pelo menos um pai que havia intimidado tanto seu filho que a criança vivia com medo de falhar, e por isso não jogava com todo o seu potencial. Conheci muitos pais que mantinham uma pressão implacável sobre seus filhos para que eles tirassem notas mais altas. A maioria desses pais é motivada por mero egoísmo. Eles estão simplesmente tentando realizar os próprios objetivos de infância por intermédio de seus filhos. Esse é um fardo injusto para se colocar sobre qualquer criança.

Uma bela adolescente que conheci foi literalmente levada à loucura pela pressão de seus pais. Eu a visitei quando ela estava em uma cela acolchoada, em estado catatônico, imóvel a não ser por um tremor constante. Ela havia sido uma aluna exemplar, líder de torcida e rainha do baile de formatura. Mas nada nunca bastava para seus pais. Sua mãe, especialmente, mantinha uma pressão constante para que ela realizasse mais, tivesse uma aparência melhor e agisse de modo diferente. Tudo que ela fazia era motivo para sua mãe lhe dizer como ela poderia ter feito melhor. E sob tanta pressão, ela finalmente se estilhaçou. Depois de várias semanas de descanso e tratamento médico, ela se recuperou a ponto de não precisar mais ser internada. Por fim, foi mandada para casa — bem de volta para o ambiente de panela de pressão que sua mãe havia feito de sua vida no lar. Pouco tempo depois ela tirou a própria vida. Por quê? Eis as palavras que ela me disse algum tempo antes de seu colapso final: "Não importa o que eu faça, nunca consigo satisfazer minha mãe." Acredite, aquela jovem havia ido muito além do potencial de sua própria mãe, mas a mãe estava tentando viver as próprias fantasias através daquela filha. Que tragédia! Ela incitou sua filha a uma ira autodestrutiva.

Desânimo

De modo semelhante, você pode provocar um filho à ira desanimando-o. Você se lembra do versículo paralelo em Colossenses 3:21, que diz: "Pais, não irritem seus filhos, *para que eles não desanimem*" (grifo do autor)? Evitar o desânimo é o impulso total desse mandamento.

Os pais provocam seus filhos à ira quando os criticam constantemente, mas nunca os recompensam, nunca elogiam suas realizações e nunca lhes permitem desfrutar os próprios sucessos. Um filho que sente que nunca consegue a aprovação de seus pais logo desistirá de tentar conquistar essa aprovação. Talvez não haja maneira mais rápida de provocar seus filhos à ira do que desanimá-los eternamente.

E é bem fácil fazer isso. Simplesmente concentre-se sempre naquilo que eles fazem de errado e nunca observe o que eles fazem corretamente. Comente sempre os erros deles, mas nunca diga nada sobre suas qualidades. Ignore seus dons e talentos naturais e fique batendo na tecla das coisas que eles não fazem bem. Desconfie deles constantemente.

Eu tinha um princípio básico simples na criação de meus filhos: para cada vez que eu tivesse de apontar a eles alguma coisa errada, eu tentava igualar as coisas depois apontando algo que eles haviam feito certo. Nem sempre era fácil. ("Gosto da maneira como você arrumou sua gaveta"). Mas um pai amoroso pode sempre encontrar *alguma coisa* como fonte de encorajamento. E todo filho reage bem ao encorajamento e à aprovação.

Lembro-me de como eu me sentia quando criança, quando via que eu podia me sentar à mesa cem vezes e *não* derramar o copo de leite, mas ninguém nunca notava isso. Derrame alguma coisa uma vez, porém, e isso não passará sem ser notado. Pais, certifiquem-se de notar quando seus filhos agirem bem, tanto quanto vocês notam (ou mais) quando eles não agem.

Haim Ginott escreveu:

Uma criança aprende o que vive. Se ela vive com crítica ela não aprende responsabilidade. Ela aprende a condenar a si mesma e a apontar o erro dos outros. Ela aprende a duvidar do seu próprio julgamento, a depreciar sua própria capacidade e a desconfiar das intenções dos outros. E acima de tudo, ela aprende a viver com a contínua expectativa de catástrofe iminente.[2]

Crie seus filhos assim e com certeza você os provocará à ira.

Negligência

Outra maneira de provocar seus filhos à ira é por meio da negligência. Pare de demonstrar afeto por eles. Em vez disso, mostre indiferença. Não se interesse pelo que interessa a eles. Não se preocupe com as necessidades deles. O exemplo bíblico clássico de um filho negligenciado é Absalão. Embora Davi não fosse de modo algum indiferente a seu filho (ver 2Samuel 18:33), ele o *tratava* com indiferença, e Absalão cresceu com desprezo pelo pai. Ele assassinou seu próprio irmão (ver 13:28-29). Ele minou deliberadamente a autoridade real de Davi (ver 15:1-6). Ele planejou a deposição de Davi (ver 15:10) e deitou com as mulheres de seu pai diante dos olhos de toda Israel (16:22). Quando a negligência paterna de Davi chegou ao máximo, causou a rebelião, a guerra civil e, finalmente, a morte de Absalão.

Muitos pais transmitem uma negligência semelhante tratando seus filhos como intrusos. Muitos filhos ouvem seus pais dizerem coisas do tipo: "Bem, adoraríamos ir a esse lugar, mas temos as crianças. E não podemos conseguir ninguém para ficar com eles. É sempre assim." Se você quer irritar seus filhos, simplesmente faça com que eles se sintam indesejados. Faça com que eles se sintam como se estivessem sendo um empecilho para as coisas que vocês gostariam de fazer. Ajam como se vocês se ressentissem por eles, e eles começarão a ficar ressentidos com vocês.

Fiz um acordo com meus filhos, Matt e Mark, quando eles estavam crescendo. Eu ia aos jogos deles e eles iam a meus sermões. Isso funcionou maravilhosamente. Eu não os neglicenciei e eles não me negligenciaram.

Eu tinha um amigo de ministério que viajava pelo país pregando para grupos de jovens. Ele passava muito tempo na estrada, e entre as palestras muitas vezes ia para casa por apenas um dia ou dois. Certa vez, ouviu o filho pequeno falando com o menino que morava ao lado.

— Ei — disse o garotinho a seu colega —, você pode brincar de pique?

— Não — respondeu ele. — Vou brincar de pique com meu pai.

Então meu amigo ouviu o filho responder:

— Ah, meu pai não tem tempo para brincar comigo. Ele está ocupado demais brincando com os filhos dos outros.

Meu amigo, com muita sabedoria, alterou seu ministério para poder ter mais tempo para ficar com seu filho.

De muitas formas, a negligência é o pior tipo de abuso infantil. Nossas ruas e cidades estão cheias de crianças negligenciadas, e praticamente todas elas estão cheias de raiva. Os pais têm muita responsabilidade nisso.

Inflexibilidade

Você provocará seus filhos à ira caso se recuse a permitir que eles cresçam. Se você os humilhar ou rir deles quando eles disserem coisas ingênuas ou imaturas; se você constantemente menosprezá-los; ou se reprimi-los todas as vezes que eles quiserem tentar alguma coisa que você acha que é adulta demais para eles; dessa forma, você nunca os encorajará a crescer — você na verdade confirmará a imaturidade deles.

O apóstolo Paulo disse: "Quando eu era menino, falava como menino, pensava como menino e raciocinava como menino. Quando me tornei homem, deixei para trás as coisas de menino" (1Coríntios 13:11). Esse é o curso natural do processo de amadurecimento. Os pais deveriam encorajar seus filhos nessa busca, e não extinguir o entusiasmo da criança pelo crescimento. Não seja inflexível com eles; encoraje o crescimento deles. Deixe que cometam alguns erros sem serem criticados.

Quando meu filho Matt era bebê, colocou meu relógio no vaso sanitário e deu descarga. Perguntei a ele:

— Por que você fez isso?

Ele olhou para mim com olhos solenes:

— Só queria ver como ele desceria — disse.

Eu o castiguei severamente? Não. *Eu também gostaria* de ver como ele desceria. Eu me lembro de ter tido essa idade.

Às vezes as crianças dizem coisas infantis e engraçadas, e é natural que os pais apreciem o humor dessas situações. Mas tome cuidado para não esmagar seu filho no processo. Não ria dele. Não o menospreze por sua infantilidade natural. Em geral, se você tiver de rir, é melhor rir mais tarde. Enquanto isso, enquanto eles abrem caminho através do processo de amadurecimento, encoraje-os e apoie a confiança deles. Deixe que eles apresentem suas ideias ridículas. Deixe que eles façam experiências pensando por si mesmos. Do contrário, você os desanimará e os irritará exatamente como o apóstolo Paulo adverte os pais a não fazerem.

Negando o amor

Não use o afeto como um instrumento de castigo e punição. Tremo quando ouço uma mãe dizer: "Mamãe não vai gostar de você se você fizer isso." Às vezes os pais fazem isso inconscientemente, com um discurso que sugere que eles se importam menos com a criança quando ela desobedece. Eles também podem estar transmitindo uma mensagem subliminar semelhante quando elogiam seus filhos com palavras do tipo: "Que menina boazinha! Mamãe *ama* você quando você é boazinha assim."

A Bíblia diz que o amor "tudo sofre, tudo crê, tudo espera, tudo suporta. O amor nunca perece" (1Coríntios 13:7-8). O verdadeiro amor não aumenta ou diminui com base nas realizações ou nos fracassos do objeto do amor. O amor de Deus por nós falta quando nós falhamos com ele? Absolutamente não. Na verdade, "Deus demonstra seu amor por nós: Cristo morreu em nosso favor *quando ainda éramos pecadores*" (Romanos 5:8, grifo do autor). Em outras palavras, a maior expressão do amor de Deus por nós foi ter sacrificado seu Filho amado para expiar nossos pecados e nos reconciliar com ele, enquanto ainda estávamos em um estado de total inimizade contra ele (v.10).

Os pais devem ser um modelo desse mesmo tipo de amor por seus filhos. Ameaçar extinguir nosso amor quando eles se comportam mal mina o próprio amor, e provoca nossos filhos à ira.

Excesso de disciplina

Castigo demais é outra maneira garantida de provocar um filho à ira. Alguns pais parecem ter a opinião de que se a disciplina é boa para um filho, a disciplina abundante deve ser *realmente* boa para eles. Eles controlam os movimentos de seus filhos constantemente, mantendo a ameaça de punição física sobre a cabeça deles como uma inexorável espada de Dâmocles.

Esse comportamento realmente não passa de brutalidade. O pai que usa toda sua autoridade ou que utiliza sua força superior — quer física ou verbalmente — pode ter um efeito devastador sobre o espírito de seu filho. É fácil para os adultos fazerem isso, porque eles são muito mais capacitados física, intelectual e verbalmente que uma criança. Mas os pais que tratam seus filhos pequenos dessa forma colherão graves consequências quando eles chegarem à metade da adolescência. As crianças que sofreram *bullying* crescerão com uma tendência má, tendo sua ira sido provocada pela própria falta de bondade de seus pais.

Fico impressionado com a facilidade com que alguns pais usam palavras ofensivas ao repreenderem seus filhos, dizendo coisas que jamais falariam a qualquer pessoa — coisas que ferem o coração de uma criança sensível e que incitariam *qualquer* criança à ira.

A Bíblia diz que Deus sempre disciplina seus filhos em amor (ver Hebreus 12:5-7). O escritor de Hebreus parece reconhecer que os pais humanos têm muita tendência a disciplinar seus filhos de maneira caprichosa ou errática: "Além disso, tínhamos pais humanos que nos disciplinavam, e nós os respeitávamos. Quanto mais devemos submeter-nos ao Pai dos espíritos, para assim vivermos! Nossos pais nos disciplinavam por curto período, segundo lhes parecia melhor; mas Deus nos disciplina para o nosso bem, para que participemos da sua santidade" (vv. 9-10).

Infelizmente, os pais humanos às vezes tendem a disciplinar seus filhos de forma egoísta ou impulsiva, mas a disciplina de Deus é sempre para nosso bem. Os pais cristãos devem se esforçar para fazer dos interesses da criança o objetivo de toda a sua disciplina. Se fizermos isso, estaremos minimizando os riscos de perturbarmos e irritamos nossos filhos desnecessariamente.

Vimos o lado negativo das instruções de Paulo aos pais: não irritem seus filhos. E quanto ao lado positivo? "Criem-nos segundo a instrução e o conselho do Senhor" (Efésios 6:4). Observe os dois aspectos: instrução e conselho. Vamos examinar primeiro o aspecto da instrução.

DÊ A ELES A CRIAÇÃO CORRETA

A palavra grega traduzida como "instrução" é *paideia*, da raiz da palavra grega *pais*, que significa "criança". *Paideia* significa "ensino, treinamento, criação". A mesma palavra é usada uma vez em 2Timóteo 3:16, sendo traduzida como "instrução", e quatro vezes em Hebreus 12:5-11, em que aparece como "castigo". Então as noções de castigo e disciplina, assim como instrução positiva, são inerentes à palavra *paideia*. Muitas pessoas pensam automaticamente em punição física quando termos como "disciplina" e "castigo" são citados. A punição física certamente estaria incluída em tudo que a palavra *paideia* significa. Deixaremos este tópico de lado por ora, entretanto, e o retomaremos em nossa discussão sobre a palavra "conselho" a seguir.

Enquanto isso, muito mais do que a punição física está contido na palavra *paideia*. Essa é uma palavra abrangente que descreve todos os aspectos da criação infantil — orientação, instrução e disciplina, tanto positiva quanto negativa. A versão Almeida Revista e Atualizada traduz essa palavra como "disciplina" em Efésios 6:4. Gosto dessa tradução. Acho que ela capta a essência da instrução amorosa e do cuidado que Paulo está querendo transmitir no versículo.

Observe as palavras "criem-nos". Em inglês, criar traduz-se como "bring up" (trazer para cima). Devemos trazer nossos filhos para cima, ou seja, erguê-los. Eles não chegarão lá sozinhos. Esse tem sido um dos temas recorrentes neste livro. Os pais devem exercer um papel ativo para moldar o caráter de seus filhos. Provérbios 29:15 diz: "A criança entregue a si mesma envergonha a sua mãe." Mais uma vez, o que arruína a maioria dos filhos não é o que os pais *fazem com eles*, mas o que eles *não fazem por eles*.

A verdadeira chave para o trabalho desafiador de criar nossos filhos corretamente é criar um ambiente de cuidado e instrução amorosa no qual o coração deles se torne terreno fértil para a verdade de Deus. É do *coração* da criança que os pais precisam cuidar.

Provérbios 4:23 diz: "Acima de tudo, guarde o seu coração, pois dele depende toda a sua vida." Todas as questões da vida procedem do coração. Jesus disse: "Pois do interior do coração dos homens vêm os maus pensamentos, as imoralidades sexuais, os roubos, os homicídios, os adultérios, as cobiças, as maldades, o engano, a devassidão, a inveja, a calúnia, a arrogância e a insensatez. Todos esses males vêm de dentro e tornam o homem impuro" (Marcos 7:21-23). Um ditado semelhante está registrado em Lucas 6:45: "O homem bom tira coisas boas do bom tesouro que está em seu coração, e o homem mau tira coisas más do mal que está em seu coração, porque a sua boca fala do que está cheio o coração." Aquilo que enche seu coração determinará o que sua boca diz.

Os pais precisam entender isso e cuidar do coração da criança. A depravação da criança é um problema do coração. Quando lidamos com o mau comportamento, ele não é primeiramente uma questão de comportamento. Na verdade, a má conduta reflete a condição caída do coração da criança.

De fato, os pais devem ser muito claros a este respeito: o comportamento *não é* o assunto principal. Uma mudança de comportamento não consertará a raiz do problema. Como enfatizamos por vezes seguidas, uma mudança de comportamento sem uma mudança no coração não passa de hipocrisia.

Como os pais podem cuidar do coração da criança? Para início de conversa, eles precisam ajudar as crianças a entenderem que elas têm um coração pecaminoso. As próprias crianças precisam saber que todas suas palavras más, seus pensamentos e seus atos maus fluem de um coração manchado pelo pecado, e que o único remédio para isso é o Evangelho (ver o capítulo 3). Em outras palavras, mantenha as necessidades do coração de seus filhos sempre no foco deles (assim como em seu foco), para que eles nunca percam de vista este fato: a regeneração não é apenas a maior necessidade deles; ela também é sua maior preocupação como pai. Ted Tripp escreveu um livro maravilhoso para os pais intitulado *Pastoreando o coração da criança*,[3] no qual ele oferece muitos conselhos úteis sobre como manter o foco adequado na criação de nossos filhos. Ele sugere que o coração da criança é o menor campo de batalha do mundo, e que sua conquista requer um combate total, corpo a corpo.[4]

Ele está certo. O coração de seu filho é um campo de batalha no qual o pecado e a justiça estão em conflito. O *maior problema* de seu filho não é a falta de maturidade, não é a falta de experiência ou a falta de entendimento — é o coração mau. Essas outras coisas apenas exacerbam o problema do coração. Porém, os remédios para a imaturidade, a ignorância e a inexperiência não são a cura para o principal problema. Seu filho não *abandonará* a própria depravação.

Como pais, precisamos ter como alvo o coração de nossos filhos. Se estabelecermos como alvo simplesmente o comportamento deles, nosso papel como pais será raso e superficial, e criaremos nossos filhos para serem espiritualmente superficiais.

O objetivo de criar filhos não é o controle do comportamento deles. Não é meramente produzir filhos que tenham boas maneiras. Não é ensinar nossos filhos a terem um comportamento socialmente elogiável. Não é torná-los educados e respeitadores. Não é torná-los obedientes. Não é fazer com que eles tenham um desempenho digno de nossa aprovação. Não é conformá-los a um padrão moral. Não é dar a nós, pais, algo do qual possamos nos orgulhar.

O objetivo definitivo e o foco adequado da criação bíblica de filhos é a redenção. Os pais são responsáveis por levar seus filhos a Cristo. Como enfatizamos anteriormente, os pais não são capazes de *garantir* a conversão de seus filhos nem podem alcançar a salvação em nome deles. Mas desde o momento em que os filhos nascem até que haja frutos que indiquem que eles nasceram de novo, os pais têm o papel de evangelistas, apontando constantemente e incentivando seus filhos em direção a Cristo, que é o único que pode remediar os problemas do coração que fazem com que eles amem a injustiça.

Qualquer objetivo menor do que esse é apenas uma mudança de comportamento. Os filhos não cristãos podem ser levados a se conformarem a um padrão moral externo. Todas as crianças podem aprender a obedecer a seus pais. Sabemos, com base em tudo que estudamos até agora, que ensinar essas coisas a nossos filhos é parte vital do dever dos pais. *No entanto, isso não deve ser confundido com o objetivo principal.*

Não ensine apenas a seus filhos o domínio próprio externo; crie-os para entenderem a tentação e resistirem a ela. Não ensine apenas boas maneiras a eles; ensine-os por que o orgulho é pecaminoso e por que a ganância, a luxúria, o egoísmo e a cobiça desonram a Deus.

Castigue-os pelas ofensas externas, mas ensine a eles que a raiz é sempre um problema mais profundo: a corrupção de seus corações. Quando você os corrigir, não faça isso apenas para satisfazer a si mesmo como um pai ou mãe que foi ofendido, irritado e frustrado. Isso é ira, é apenas uma questão de vingança. Então, quando for corrigi-los, ajude-os a ver que, antes de tudo, *Deus* foi ofendido e que ele oferece reconciliação por meio de Jesus Cristo (ver 2Coríntios 5:20).

Como enfatizamos seguidamente, isso envolve ensinar-lhes todo o conselho de Deus. Envolve "ensino [...] repreensão [...] correção [...] instrução na justiça" (2Timóteo 3:16). Mas o foco adequado é, antes de qualquer coisa, a redenção. Não alcançamos muito se simplesmente ensinamos os filhos não regenerados a se conformarem com um padrão de comportamento. Como Ted Tripp escreveu: "Uma mudança de comportamento que não procede de uma mudança no coração não é elogiável, ela é *condenável*."[5]

Uma passagem à qual voltamos sucessivamente é Deuteronômio 6:6-7: "Que todas estas palavras que hoje lhe ordeno estejam em seu coração. Ensine-as com persistência a seus filhos. Converse sobre elas quando estiver sentado em casa, quando estiver andando pelo caminho, quando se deitar e quando se levantar." Isso define a responsabilidade dos pais. Observe que o foco adequado começa com o coração dos *pais*: "Estas palavras [...] estejam em *seu coração*." Os pais cujos corações são frios e destituídos da Palavra de Deus não podem pastorear adequadamente o coração dos próprios filhos.

Agora, observe o quão lindamente o contexto desse mandamento estabelece toda a agenda dos pais, começando com as palavras tão conhecidas do versículo 4: "Ouça, ó Israel, o Senhor, o nosso Deus, é o único Senhor!" Aqui está a primeira tarefa dos pais: *ensinem seus filhos sobre Deus*.

O versículo 5 também é um mandamento conhecido. Jesus chamou-o de primeiro e grande mandamento: "Ame o Senhor, o seu Deus, de todo o seu coração, de toda a sua alma e de todas as suas forças." Esta é a segunda fase da instrução aos pais: *ensine-os a amar a Deus*.

A terceira fase é consequência da segunda: *ensine-os a obedecer a Deus de coração*. "Que todas estas palavras que hoje lhe ordeno estejam em seu coração. Ensine-as com persistência a seus filhos." (vv. 6-7). As "palavras" às quais os versículos se referem são as inspiradas de Deus e as da Lei em particular. A implicação inegável é que devemos ensinar nossos filhos sobre a obediência a Deus de coração.

Em quarto lugar, *ensine-os a seguir seu exemplo*. "Ensine-as com persistência a seus filhos. Converse sobre elas quando estiver sentado em casa, quando estiver andando pelo caminho, quando se deitar e quando se levantar. Amarre-as como um sinal nos braços e prenda-as na testa." (vv. 7-8). Em outras palavras, mostre a seus filhos que a Palavra do Deus vivo está sempre na ponta da língua, em todos os momentos e em todas as experiências de sua vida. Deixe que eles vejam que sua vida é dominada pela verdade divina. Deixe que eles vejam tudo na vida como uma sala de aula. Encare cada ocasião como uma oportunidade de ensiná-los sobre Deus. Aproveite cada oportunidade de indicar-lhes o caminho para o céu. Faça de tudo o que acontecer a seu redor uma maneira de conduzi-los à Palavra de Deus.

Jesus era o mestre absoluto desse tipo de ensinamento. Ele extraía lições espirituais de tudo que o cercava. A água, as figueiras, as sementes de mostarda, os pássaros, o pão, as uvas, as pérolas, o trigo e o joio, taças e bandejas, homens e mulheres, luz e trevas, redes, festas, vinhas, raposas — tudo na vida abria uma janela para a verdade divina. Todos os pais são chamados a um estilo de ensino semelhante com seus filhos. Cada flor, cada pedra, cada montanha, o oceano, o céu, o canto do grilo, a cachoeira que ruge, os bebezinhos, um cachorrinho, um esquilo, e daí por diante — todas essas coisas constituem uma sala de aula bem-equipada para ensinar-lhes sobre Deus e para envolvê-los na instrução de sua verdade.

Preste atenção à linguagem do versículo 8: "Amarre-as como um sinal nos braços e prenda-as na testa." Essa é simplesmente uma maneira de dizer que os pais devem manter a Palavra de Deus perpetuamente diante de suas mentes, e sempre à mão. O versículo 9 continua: "Escreva-as nos batentes das portas de sua casa e em seus portões." Em outras palavras, faça dessas verdades a marca que distingue seu lar. Essas expressões não se destinam a prescrever literalmente filactérios (amuletos judaicos contendo pedaços do texto bíblico amarrados à testa e às mãos por tiras de couro) ou *mezuzás* (caixas judaicas com versículos da Bíblia presos aos portais das casas). Em vez disso, elas estão encarregando os pais da responsabilidade de tornar a verdade da Bíblia o próprio foco da família.

Eis outra lição de Deuteronômio 6: *ensine-os a tomar cuidado com o mundo que os cerca*. Os versículos 10 a 12 dizem: "O Senhor, o seu Deus, os conduzirá à terra que jurou aos seus antepassados, Abraão, Isaque e Jacó, que daria a vocês, terra com grandes e boas cidades que vocês não construíram, com casas cheias de tudo que há de melhor, de coisas que vocês não produziram, com cisternas que vocês não cavaram, com vinhas e oliveiras que vocês não plantaram. Quando isso acontecer, e vocês comerem e ficarem satisfeitos, tenham cuidado! Não esqueçam o Senhor que os tirou do Egito, da terra da escravidão."

Os pais precisam preparar seus filhos para a vida em um mundo cheio de tentações, de ídolos e até de coisas boas que podem distrair seu coração do verdadeiro Deus. Eles não devem se esquecer do Senhor.

Tudo isso e muito mais está englobado na palavra *paideia*, "instrução" ou "disciplina". Cuide de seus filhos em um ambiente como esse, visando o coração deles com a verdade da Palavra de Deus, e você estará dando o tipo de instrução de que Paulo trata em Efésios 6:4.

ACONSELHE-OS QUANDO NECESSÁRIO

A outra palavra que Paulo usa neste versículo é "conselho" ou *nouthesia*, no texto grego. É uma palavra que fala sobre uma repreensão ou advertência. Mas ela também transmite o sentido de um conselho paterno (ou materno) amoroso e suave. É praticamente um sinônimo de *paideia*, e não um termo contrastante. Ambas as palavras incluem a conotação de disciplina paterna (ou materna) e castigo.

A maior parte da disciplina empregada pelos pais deveria ser totalmente positiva. Os pais podem e devem dar orientação para seus filhos recompensando-os por seu comportamento positivo, assim como puni-los pelo comportamento errado. Ambos os lados da equação são importantes. A motivação positiva é inteiramente legítima, e muitas vezes pode ser um meio eficaz de fazer os filhos obedecerem. Observe, na verdade, que a promessa que o próprio Deus atrelou ao Quinto Mandamento é uma motivação positiva. O mandamento foi reforçado por uma promessa, e não por uma ameaça. Muitas vezes é apropriado dizer a seu filho: "Se você fizer isto, eu o recompensarei desta maneira."

A disciplina equilibrada envolve tanto o reforço negativo quanto o positivo. Na verdade, poderíamos resumir toda a disciplina dizendo que ela significa *dar a recompensa adequada à conduta*. Quando a conduta (incluindo tanto a atitude interna quanto a ação) é boa, uma recompensa positiva é garantida. Quando a conduta é má, uma recompensa negativa é válida. Na verdade, isso não é muito difícil de entender, não é mesmo?

Entretanto, os pais parecem incuravelmente confusos acerca dessas questões. Muitos cristãos que conheço ficam praticamente paralisados de medo diante do dever de disciplinar seus filhos — e de quando, como e em que quantidade devem fazê-lo. Mas o que a Bíblia diz é, na verdade, muito simples e direto: você tem um filho depravado e tolo, e se quiser que ele não seja tão tolo, discipline-o (ver Provérbios 22:15). Você tem a responsabilidade solene diante de Deus de oferecer um ambiente de cuidado e instrução no qual seu filho seja exposto constantemente à verdade de Deus (ver Deuteronômio 6:6-7). Em resumo, você precisa tomar cuidado para não provocar seus filhos à ira, criando-os na instrução e no conselho do Senhor (ver Efésios 6:4).

Qualquer pai ou mãe que dominar estes poucos e simples princípios não se perderá.

Capítulo 7
O papel do pai

Maridos, amem suas mulheres.

— Efésios 5:25

ALÉM DO COMPROMISSO FUNDAMENTAL que os pais devem ter com Cristo, o único fundamento mais importante para criar filhos com êxito é ter um casamento saudável no qual Cristo seja o centro.

Entendo que uma afirmação como essa pode ser desanimadora para muitos leitores. Afinal, hoje em dia inúmeras pessoas estão fazendo um esforço descomunal para serem bons pais, mesmo que sejam solteiras ou que vivam em lares nos quais pelo menos um dos cônjuges não tem qualquer compromisso com Cristo.

Se você se encontra nessa situação, não se desespere. Nem tudo está perdido enquanto pelo menos *um* dos pais se responsabilizar por criar os filhos na instrução e no conselho do Senhor. Certamente é difícil para um dos pais trabalhar sozinho (e geralmente é ainda *mais* difícil quando esse pai ou mãe precisa trabalhar *contra* o exemplo ímpio do outro cônjuge), mas certamente a causa não está perdida em nenhum dos casos, porque o próprio Deus está pronto para suprir essa necessidade.

Deus não se esqueceu dos pais solteiros e dos filhos de lares destruídos. Ele é o "pai dos órfãos e o defensor das viúvas" (Salmos 68:5). Em outras palavras, ele sustenta os órfãos e as viúvas com uma graça e um amor especiais. "O Senhor protege o estrangeiro e sustém o órfão e a viúva" (Salmos 146:9). É de sua natureza ser amigo dos que não têm amigos e suprir as necessidades dos necessitados. Os pais solteiros podem recorrer ao terno amor de Deus e se refugiarem em sua bondade incomensurável.

Entretanto, está claro que ser pai solteiro não é o ideal de Deus. O projeto divino para as famílias envolve tanto o pai quanto a mãe. O papel do pai é tão crucial que, nos tempos do Antigo Testamento, se um homem morresse, sua viúva deveria se casar com o cunhado mais próximo (ver Deuteronômio 25:5). A família arquetípica retratada na Bíblia envolve ambos os pais, cada um fazendo sua parte na submissão a Deus, impulsionados a trabalhar juntos pelo compromisso estabelecido um com o outro e imbuídos de um amor profundo centralizado em Cristo, aquele capaz de unir todas as coisas. Portanto, a maioria dos ensinamentos sobre a vida familiar citada na Palavra de Deus *pressupõe* a presença dos dois pais, e seu comprometimento com Cristo. Sendo assim, de acordo com o modelo bíblico, o casamento é o foco e o fundamento do lar.

Contrariando esse princípio, as famílias atualmente tendem a ser centralizadas nos filhos. Tudo gira em torno deles. As atividades dos filhos, seus relacionamentos e seus interesses tendem a definir a agenda da família. O projeto de Deus para a família é que ela seja primeiramente centralizada em Cristo e depois no casamento, de modo que o relacionamento marido-mulher seja o mais importante. Nesse sentido, são os pais, e não os filhos, que devem determinar a agenda do lar.

É por essa razão que nos dois trechos nos quais o apóstolo Paulo trata da família (Colossenses 3:18-21 e Efésios 5:22; 6:4), ele *começou* suas instruções com orientações dirigidas aos maridos e às esposas. Em ambas as passagens a ordem que Paulo segue é a mesma:

- Mulheres, sujeite-se cada uma a seus maridos (Colossenses 3:18; Efésios 5:22-24).
- Maridos, amem suas mulheres (Colossenses 3:19; Efésios 5:25-33).
- Filhos, obedeçam a seus pais (Colossenses 3:20; Efésios 6:1-3).
- Pais, não irritem seus filhos (Colossenses 3:21; Efésios 6:4).

Nas duas passagens, o apóstolo também prossegue instruindo os servos a obedecerem a seus senhores, e o contexto sugere que ele tinha em mente primeiramente os *servos da família* (embora o princípio da submissão certamente se aplicasse a qualquer tipo de servo ou empregado). O que Paulo estava fazendo nestas duas passagens vitais era estabelecer o projeto de Deus para o modo como a família deve ser organizada.

O tema prioritário de tudo isso é a *submissão*. Deve haver uma submissão mútua entre todas as partes: a família como um todo se submete à liderança do pai; o pai se submete, em amor, a suprir as necessidades essenciais da esposa; os filhos se submetem à autoridade dos pais; e até os pais se submetem às necessidades dos filhos, oferecendo seu cuidado amoroso e conselho sem irritá-los. A submissão é o princípio orientador em tudo: "Sujeitem-se uns aos outros, por temor a Cristo" (Efésios 5:21).

Neste estudo sobre a criação de filhos, seguimos as instruções do apóstolo, começando com os filhos e seguindo a partir deles. Primeiro vimos o dever do filho de obedecer. Depois examinamos o dever dos pais de evitar irritá-lo. Agora nos voltaremos para o papel do marido.

As instruções do apóstolo aos maridos são simples: amem suas esposas. Amem-nas como Cristo amou a Igreja. Tratem-nas com carinho. Honrem-nas. Protejam-nas. Sirvam-nas. Orientem-nas. Você é o cabeça da esposa no mesmo sentido que Cristo é o cabeça da Igreja.

O SIGNIFICADO DO AMOR

Peça aos maridos cristãos para resumirem o seu dever bíblico com uma palavra, e eles responderão: "Liderança." No entanto, a Palavra de Deus responde a essa pergunta com um termo diferente: "Amor."

Não há dúvidas de que o projeto de Deus para os maridos inclui liderança. Contudo, trata-se de uma liderança que flui do amor e é sempre temperada com um afeto terno e cuidadoso. Sem dúvida é verdade que o marido é o cabeça da mulher, mas, como veremos, "liderança", em termos bíblicos, não significa apenas autoridade. Nem sequer considera o tipo de autoridade que muitos maridos querem declarar ter sobre suas famílias. Não é a mentalidade do tipo "pegue meus chinelos" que muitos homens transmitem a suas esposas e a seus filhos. Não é uma atitude de "rei do pedaço". O marido não deve ser um tirano mesquinho. Seu papel adequado como cabeça amorosa e cuidadosa é perfeitamente resumido por Cristo, que assumiu o papel de servo para lavar os pés de seus discípulos.

Mais uma vez, o tema que permeia Efésios 5:22 e 6:4 é a *submissão*, e não é de menor importância o fato de que as instruções do apóstolo aos pais só ocorram dois versículos depois do chamado à submissão mútua. O versículo 21 diz: "Sujeitem-se uns aos outros no temor de Cristo." E essa é uma ordem geral a todos os cristãos em todos os contextos.

O pai não é exceção a essa regra. O amor que ele deve demonstrar a sua esposa envolve submissão. É um amor alegre e caracterizado por mansidão, ternura e serviço. É um amor humilde, de servo, como o de Cristo.

Além do mais, para ampliar um pouco o contexto, o tema maior desse trecho de Efésios 5 é sobre o que significa *ser cheio do Espírito*. O versículo 18 diz: "Não vos embriagueis com vinho, no qual há dissolução; mas enchei-vos do Espírito." Por que o apóstolo associa a ideia de embriaguez à noção de ser cheio do Espírito? A resposta não é — como alguns sugeririam — que ser cheio do Espírito é como estar embriagado. A pessoa verdadeiramente cheia do Espírito não é alguém que perde o controle de suas faculdades, move-se de maneira desordenada, tem ataques de riso ou coisas do gênero. Diferentemente do que muitos pensam hoje em dia, a Bíblia nunca retrata o comportamento cheio do Espírito como algo barulhento ou descontrolado.

Na verdade, a ideia de controle é completamente essencial ao que o apóstolo quer dizer nessa passagem. Uma pessoa cheia de vinho é *controlada* por ele, ficando, como dizemos, "sob o efeito" dele. Do mesmo modo, uma pessoa cheia do Espírito está sob o controle e o efeito do Espírito Santo. Seus pensamentos, seus atos e sua maneira de tratar os outros são governados e moldados pelo controle do Espírito Santo.

Como deve ser o comportamento controlado pelo Espírito? Paulo o caracteriza da seguinte maneira: "Falando entre si com salmos, hinos e cânticos espirituais, cantando e louvando de coração ao Senhor, dando graças constantemente a Deus Pai por todas as coisas, em nome de nosso Senhor Jesus Cristo. Sujeitem-se uns aos outros por temor a Cristo" (Efésios 5:19-21). Observe as palavras "entre si" e "uns aos outros". Ele começa dizendo "falando entre si" e termina dizendo "sujeitem-se uns aos outros". Entre uma coisa e outra, ele descreve alguém que está em harmonia com o Senhor e é completamente grato por cada ação da Divina Providência. Ele está descrevendo alguém com coração e mente rendidos ao controle do Espírito Santo, de cuja boca sai uma fala edificante, e de cujo coração, uma submissão amorosa. Em outras palavras, o indivíduo cheio do Espírito é alguém que *fala* para edificar, que *canta* louvores a Deus das profundezas de seu coração, que *dá graças* a Deus por tudo e que se *submete* aos outros no temor de Deus.

A *submissão* é o que permeia as instruções de Paulo aos maridos: "Amem suas esposas." O amor do qual o apóstolo fala é um amor cheio do Espírito, um amor submisso. Esse tipo de amor é totalmente incompatível com a maneira dominadora e controladora com que muitos maridos tentam afirmar seus direitos como *cabeças* da família.

Em 1Coríntios 13 está a descrição bíblica mais completa do amor: "O amor é paciente, o amor é bondoso. Não inveja, não se vangloria, não se orgulha. Não maltrata, não procura seus interesses, não se ira facilmente, não guarda rancor. O amor não se alegra com a injustiça, mas se alegra com a verdade. Tudo sofre, tudo crê, tudo espera, tudo suporta. O amor nunca perece" (1Coríntios 13:4-8).

Observe como a ênfase está no completo altruísmo do amor — a bondade do amor, sua amabilidade, sua recusa em buscar os próprios interesses e sua total preocupação com o bem-estar do ser amado. Todos esses elementos são aspectos essenciais do que Paulo requer quando ordena que os maridos amem suas esposas. Observe, também, que o apóstolo usa verbos, e não adjetivos, para descrever o amor. Ele começa e termina sua descrição com verbos *de ação* ("não maltrata"; "procura"; "não se alegra"; "sofre"; "crê"; "espera"; "suporta"). O amor é ativo e não passivo, e aquele que realmente ama demonstrará o seu sentimento por meio daquilo que faz pelo ser amado, e não exigindo o que ele acha que deveria ser feito por ele.

O marido que pensa que Deus organizou a família de modo que a esposa esteja sempre a postos para atender a todas as ordens entendeu as coisas ao contrário. *Ele* deve amá-la e servi-la. O pai que pensa em sua esposa e em seus filhos como bens pessoais sob seu comando tem um conceito distorcido da responsabilidade como *cabeça* da família. Sua liderança significa, em primeiro lugar, que ele deve servi-los, protegê-los e suprir suas necessidades. Em suma, o seu dever é *amar* — e tudo o mais que está envolvido nessa palavra.

Algumas lições cruciais sobre o amor estão envolvidas no conceito de liderança.

A MANEIRA DO AMOR

Observe, antes de qualquer coisa, que a ideia do marido como cabeça é uma comparação com Cristo. O senhorio do marido sobre a esposa é comparado ao senhorio de Cristo sobre a Igreja: "Pois o marido é o cabeça da mulher, como também Cristo é o cabeça da Igreja" (Efésios 5:23). Portanto, o amor do marido pela mulher supostamente deve ser como o amor de Cristo pela Igreja:

> Maridos, ame cada um a sua mulher, *assim como Cristo amou a igreja* e entregou-se por ela para santificá-la, tendo-a purificado pelo lavar da água mediante a palavra, e para apresentá-la a si mesmo como igreja gloriosa, sem mancha nem ruga ou coisa semelhante, mas santa e inculpável. Da mesma forma, os maridos devem amar cada um a sua mulher como a seu próprio corpo. Quem ama sua mulher, ama a si mesmo. Além do mais, ninguém jamais odiou o seu próprio corpo, antes o alimenta e dele cuida, como também Cristo faz com a igreja, pois somos membros do seu corpo. Por essa razão, o homem deixará pai e mãe e se unirá à sua mulher, e os dois se tornarão uma só carne. Este é um mistério profundo; refiro-me, porém, a Cristo e à igreja, pois somos membros do seu corpo. Portanto, cada um de vocês também ame a sua mulher como a si mesmo, e a mulher trate o marido com todo o respeito. (Efésios 5:25-33, grifo do autor).

Com certeza é significativo o fato de o apóstolo dedicar mais tempo e mais espaço às suas instruções aos maridos do que a qualquer outro membro da família. Essa não é uma parte secundária de suas instruções para a organização da vida no lar, ao contrário, é um princípio-chave essencial; por isso, é crucial que os maridos vejam a importância desta passagem: *O amor de Cristo pela Igreja é o padrão para o amor do marido pela esposa.* Paulo destaca quatro aspectos desse amor.

É um amor sacrificial

Em primeiro lugar, como temos enfatizado desde o princípio, o amor do marido pela esposa não deve ser dominador, e sim o amor do autossacrifício.

Esse é o mesmo tipo de amor que Cristo tinha pela Igreja. E como ele o demonstrou? Ele "se entregou por ela" (Efésios 5:25). Em Atos 20:28, a Bíblia refere-se à Igreja como "a igreja de Deus que ele comprou com o seu próprio sangue". O sacrifício de Cristo é a própria síntese do que o amor exige. 1João 3:16 diz: "Nisto conhecemos o que é o amor: Jesus Cristo deu a sua vida por nós." O próprio Jesus disse: "Ninguém tem maior amor do que aquele que dá a sua vida pelos seus amigos" (João 15:13).

João Crisóstomo, um grande pregador da Igreja Primitiva, disse o seguinte aos maridos que se preocupavam em definir a medida da obediência esperada de suas esposas:

Ouçam também a medida do amor. Gostaríeis de ter vossas esposas obedientes a vós, assim como a Igreja é obediente a Cristo? Então tenhais vós por elas o mesmo cuidado atencioso que Cristo tem pela Igreja. Sim, ainda que seja necessário que entregueis vossas vidas por elas, sim, e que fosseis cortados em pedaços dez mil vezes, sim, e que suportásseis e passásseis por qualquer sofrimento que fosse, não o recuseis. Embora devêsseis passar por tudo isso, no entanto não teríeis, não, nem mesmo nesse caso, feito nada semelhante a Cristo. Pois vós, na verdade, estais fazendo isto por alguém a quem já estais ligados; porém ele o fez por alguém que lhe virou as costas e o odiou. Da mesma maneira, então, ele colocou aos seus pés aquela que lhe voltou as costas, que o odiou e o rejeitou, e o desdenhou, não por ameaças, não por violência, não por terror, não por nada desse tipo, mas por seu afeto incansável. Assim, também deveis vos portar para com vossas esposas. Sim, embora as vejais desprezando-os, desdenhando-os e ridicularizando-os, no entanto, por vossa grande consideração por elas, por afeto, por bondade, podereis colocá-las aos vossos pés... Sim, embora possais sofrer qualquer coisa por elas, não as censureis; pois Cristo também não fez isto.[1]

Embora a linguagem seja antiquada, o texto nos traz uma percepção maravilhosa. Quantos homens adoram esfregar Efésios 5:22 — "Mulheres, sujeite-se cada uma ao seu marido" — na cara de suas esposas? No entanto, quantos desses mesmos homens estão dispostos a cumprir tudo que lhes é exigido nos versículos 25 a 33?

Embora sem utilizar de fato a palavra "amor", o apóstolo Pedro descreve o amor do marido pela esposa: "Do mesmo modo vocês, maridos, sejam sábios no convívio com suas mulheres e tratem-nas com honra, como parte mais frágil e coerdeiras do dom da graça da vida" (1Pedro 3:7).

Observe que Pedro também confirma o papel de submissão da esposa. No versículo 6, ele diz: "Como Sara, que obedecia a Abraão e o chamava senhor." Há não muito tempo, um jovem que estava noivo e prestes a se casar entrou em contato com um amigo meu em busca de aconselhamento bíblico. Seu noivado estava correndo perigo, disse o jovem, porque ele havia mencionado 1Pedro 3:6 para sua futura esposa, instruindo-a a dali em diante se dirigir a ele como "senhor". Ela se recusou, dizendo-lhe que não achava que o versículo queria dizer literalmente que as esposas deviam se dirigir aos maridos como "senhor". O jovem, então, entrou em contato com meu amigo para aconselhar-se, para saber se deveria romper o noivado agora ou dar tempo à noiva para aprender a "submissão bíblica adequada".

Meu amigo lhe disse que 1Pedro 3:6 não está convocando as esposas a uma obediência servil. Uma olhada em Gênesis 18:12 revela que, quando Sara chamava Abraão de "meu senhor", ela estava se referindo a ele na terceira pessoa. Nada sugere que ela *deveria se dirigir a ele* dessa maneira, e com certeza não há nenhum mandamento bíblico que exija que as esposas se dirijam a seus maridos como superiores. Se um marido insiste que a esposa se refira a ele dessa forma, não entendeu o ponto principal de Pedro. As instruções *aos maridos* em 1Pedro 3:7 enfatizam que a esposa é coerdeira da graça da vida — em igualdade espiritual diante de Deus, portanto, ela não é a serva pessoal de seu marido.

Meu amigo sugeriu àquele rapaz que talvez ele *devesse* romper o noivado, para o bem de sua futura esposa, até que *ele* obtivesse uma perspectiva melhor de como os maridos devem tratar suas esposas.

O relacionamento liderança-submissão não tem a ver com superioridade e inferioridade. Muitas esposas são claramente mais sábias, mais inteligentes, mais articuladas e têm mais discernimento que seus maridos. No entanto, Deus organizou a família de modo que o homem seja o cabeça. Isso não quer dizer que a esposa deva automaticamente ao marido uma deferência servil como sua inferior, pois ela *não* deve ser tratada como inferior, mas como coerdeira. O motivo da ordem divina se deve ao fato de a esposa ser mais *frágil*, fazendo com que, portanto, o marido lhe deva sacrifício e proteção.

Em outras palavras, no que diz respeito aos maridos, o papel da liderança deve ser visto como algo que carrega uma responsabilidade maior — e não privilégios maiores. No cerne do conceito bíblico de liderança está a disposição de sacrificar os próprios privilégios. O marido que não puder lidar com isso não estará exercendo o tipo adequado de liderança em seu lar.

Gosto de resumir a natureza sacrificial do amor do marido com estas três palavras:

Consideração. "Igualmente vós, maridos, coabitai com elas com entendimento", diz Pedro no versículo 7 (versão Almeida Corrigida Fiel). Ele está falando sobre ter consideração. Isso se opõe à mentalidade de homem das cavernas que alguns defenderiam hoje. É incompatível com o tipo de machismo independente, orgulhoso, e egocêntrico que muitos parecem achar resumir a verdadeira virilidade. Esse versículo envolve compreensão, sensibilidade e empenho em suprir as necessidades da esposa. Envolve um esforço autêntico para entender os sentimentos, os medos, as ansiedades, as preocupações, os objetivos, os sonhos e os desejos dela. Em suma, os maridos precisam ter consideração por suas esposas.

Muitas vezes, tudo isso se resume em ouvir. O marido precisa entender o coração de sua esposa. Como ele pode expressar um amor sacrificial que supra as necessidades dela quando não faz a menor ideia de quais são essas necessidades? Compreender isso é verdadeiramente uma luta para a maioria dos homens. Não é algo que ocorra naturalmente para nós. Assim como nossos filhos, nós lutamos contra nossas próprias tendências pecaminosas e nossos desejos egoístas. Mas Deus nos chama para sermos modelos de amor sacrificial em nossas famílias, e esse amor começa com nossa consideração por nossas esposas.

Cortesia. A esposa é o "vaso mais frágil", de acordo com Pedro. Em que sentido as mulheres são *mais frágeis*? Primeiramente, em relação à dimensão física. As mulheres são, em geral, fisicamente mais fracas do que os homens. Ora, não há dúvidas de que existem alguns homens cujas esposas são fisicamente mais vigorosas que eles. Mas isso é raro, e creio que mesmo nos casos excepcionais o princípio ainda se aplique. O homem deve tratar sua esposa com uma cortesia gentil. Ele pode fazer isso de mil maneiras, desde abrir portas para ela até mudar os móveis de lugar e fazer o trabalho pesado da casa.

Um marido amoroso não dirá a sua esposa: "Depois que você trocar o pneu, eu te levo às compras com o maior prazer." Nós as servimos com nossa força. Nós as tratamos como o vaso mais frágil, demonstrando-lhes uma deferência particular nos detalhes em que sua fraqueza física as deixa em desvantagem. 1Pedro 3:7 realmente sugere que Deus *projetou* as mulheres para estarem sob a proteção de um homem, beneficiando-se da força dele. Servir as nossas esposas emprestando a elas essa força é uma das principais maneiras de demonstrarmos um amor sacrificial, como o amor de Cristo.

Comunhão. Devemos ver nossas esposas como "coerdeiras da graça da vida". Os homens e as mulheres podem ser desiguais fisicamente, mas são iguais espiritualmente. Trate sua esposa como sua igual em termos espirituais. Enquanto você estiver legitimamente preocupado com a tarefa da liderança espiritual de seu lar, não se esqueça da responsabilidade da comunhão diante de Deus com sua esposa como coerdeiros de sua graça. Seu papel como líder dela não significa que você é superior a ela. Vocês dois são completamente dependentes da graça divina, sendo coerdeiros dela.

No livro Cântico dos Cânticos, a esposa diz de seu marido: "Este é o meu amado, e este é o meu amigo" (5:16). Amo essa expressão. Ela se alegra em seu amor por ele, mas não é apenas a devoção romântica dele que a emociona. Não é seu *machismo* ou sua liderança que fazem com que o coração dela cante. O que é? Ela está feliz porque ele é seu *amigo*. Esse é o tipo de relacionamento que os maridos deviam cultivar. É uma sensação profunda de que eles compartilham as coisas espirituais de forma igual e íntima. É uma comunhão a dois como nenhum outro relacionamento na terra.

Eis uma maneira simples de resumir o amor sacrificial: o marido cheio do Espírito ama sua esposa não pelo que ela pode fazer por ele, mas por causa do que ele pode fazer por ela. É exatamente assim que o amor de Cristo funciona. Ele nos ama não por algo em nós que o atrai, não porque ele ganhe qualquer benefício por nos amar, mas simplesmente porque decidiu nos amar e tem prazer em nos conceder seu favor.

Você percebeu que o amor é um ato voluntário, e não um sentimento? Nossa geração tende a retratar o amor como um sentimento involuntário — um estado ao qual as pessoas se rendem. Consequentemente, muitas pessoas que sentem que se "desapaixonaram" acreditam erroneamente que não há nada que possam fazer a respeito, e por isso muitas vezes abrem mão de seus casamentos. Mas eis a prova de que o amor é um ato voluntário: a Bíblia nos *ordena* a amar. Deus está convocando os maridos a um amor deliberado e voluntário, não a um sentimento sobre o qual eles não têm nenhum controle.

O amor não é apenas um sentimento. É um compromisso com o bem-estar do objeto do amor. É uma devoção voluntária. Envolve sacrifício, consideração, cortesia, comunhão, compromisso, e todas as outras coisas de que estamos falando. *Todas elas são reações voluntárias.* Um marido declarar que *não pode* amar sua esposa é pura rebelião contra o mandamento de Deus.

Não é uma questão de merecimento. O amor não é algo que deva ser *conquistado* pela amabilidade do ser amado. Com certeza não fizemos nada para merecer o amor de Cristo; ele nos amou apesar de não termos muito que lhe pudesse interessar. O amor dele por nós é como o amor de Oseias, cuja mulher se corrompeu como prostituta. Quando a devassidão dela chegou ao ponto mais baixo e ela foi levada a leilão para ser vendida, o próprio Oseias a comprou de volta (ver Oseias 3:1-3). Ele não fez isso porque havia alguma coisa nela que era pura, doce, graciosa ou amável, mas porque estava em seu coração amá-la. Deus amou Israel da mesma maneira, apesar de sua infidelidade. E Cristo ama a Igreja da mesma maneira, tendo-lhe afeição e sacrificando-se pela vida dela enquanto ela ainda estava em pecado. Esse é um amor que se sacrifica completa e inteiramente.

O amor de Cristo por nós também não é o tipo de amor que procura nos tiranizar. É um amor que busca suprir nossas necessidades, nos entender e nos dar força. É um amor sacrificial. É precisamente o tipo de amor que todo marido deve a sua esposa. Qualquer homem que esteja disposto a obedecer a Deus pode, por intermédio do poder do Espírito de Deus, gerar esse tipo de amor por sua esposa, independentemente do que ele possa pensar do que é ou não amável nela. Esse amor é um fruto do Espírito de Deus. Um amor que serve e se sacrifica é, portanto, a consequência natural de ser cheio do Espírito.

É um amor purificador

O amor ordenado aos maridos terem por suas esposas também é um amor que busca e protege a pureza do objeto do amor. "Cristo amou a igreja e entregou-se por ela para santificá-la, tendo-a purificado pelo lavar da água mediante a palavra, e para apresentá-la a si mesmo como igreja gloriosa, sem mancha nem ruga ou coisa semelhante, mas santa e inculpável" (Efésios 5:25-27).

Ora, essa é uma bela imagem. Ela sugere que o amor de Cristo pela Igreja é algo que o impulsiona a torná-la pura e a mantê-la assim. Ele quer revestir a Igreja de glória. A palavra grega traduzida como "gloriosa" no versículo 27 é *endoxos*, que fala de um esplendor magnífico. Lucas 7:25 usa a mesma palavra, traduzida como "magnificamente adornada".

Cristo transmite uma beleza pura e sem mácula à Igreja. É a própria glória de Cristo concedida a ela. É o esplendor de sua santidade e de sua virtude — sem mancha, sem ruga e sem falha.

Quando um homem verdadeiramente ama sua esposa, a pureza dela deve ser a preocupação suprema dele. Ninguém jamais iria querer desonrar uma pessoa que realmente ama. O jovem que diz que ama sua noiva, mas deseja que ela faça sexo com ele antes do casamento, não é impelido de modo algum pelo amor — isso é pura luxúria. O amor honra e protege a pureza do ser amado.

Marido, se você realmente ama sua esposa, odiará qualquer coisa que a desonre. O que quer que ameace roubar a pureza dela se tornará para você um inimigo mortal. Por outro lado, qualquer suposto "amor" que arraste seu parceiro para a impureza é um amor falso.

Fico impressionado com o número de homens de que ouço falar que expõem suas esposas a filmes e revistas libertinas ou a imagens sensuais e indecentes, pensando que essa é uma boa maneira de fazer a chama voltar a arder no relacionamento. Certa vez, ouvi um pregador (um homem que afirmava ser evangélico) em um programa de entrevistas na TV se gabando de sua esposa ter feito uma assinatura da *Playboy* para ele, afirmando que eles liam a revista juntos. "Quando você tiver nossa idade", disse ele, com um convencimento lisonjeiro, "você precisará de alguma coisa para acender a chama novamente em seu relacionamento". Aquele homem aviltou o nome de Cristo e desonrou a própria esposa tanto quanto desonrou o Senhor. Não posso imaginar um homem que ama sua esposa querendo que ela seja exposta a qualquer tipo de maldade e sujeira, sem mencionar o fato de sujeitar a si mesmo a tentações desnecessárias, seja por que motivo for. Esse tipo de atividade certamente não oferecerá ajuda a longo prazo para um relacionamento que está fracassando. Tudo que ele faz é poluir e manchar ambas as partes.

Os maridos nunca devem levar suas esposas a qualquer espécie de pecado. Nunca há um bom motivo para expô-la à iniquidade. Não a arraste para nada que possa tentá-la, desonrá-la ou humilhá-la. Não a arraste para ver filmes nos quais seus ouvidos serão atacados com coisas profanas gratuitamente. Não a leve a nenhuma forma de entretenimento que possa apelar para paixões pecaminosas. Não a irrite nem a amargure para que ela caia na tentação da ira. Não a tente de forma alguma. E seja você mesmo um exemplo de pureza.

Acima de tudo, se você não fizer mais nada na vida de sua esposa, exponha-a à Palavra de Deus. Mantenha-a ouvindo a Palavra de Deus para que sua purificação possa fazer parte de sua rotina diária. Você exerce um papel sacerdotal como cabeça de seu lar, e uma parte vital de sua tarefa é ajudar a guardar a pureza de sua esposa.

Ocasionalmente os maridos me procuram e dizem coisas do tipo: "Não sei o que deu errado, mas de repente minha esposa me deixou por outro homem." A triste verdade é que quando uma mulher peca assim, nunca é o início de algo que está dando errado; é inevitavelmente o *fim* de algo que deu errado há muito tempo. Quando uma mulher abandona seu marido, é quase certo que isso seja o resultado final de um longo período de convivência em pecado. Se aquele marido estivesse guardando diligentemente sua esposa, como era sua responsabilidade, ele provavelmente nunca teria sido apanhado de surpresa dessa maneira, mas teria podido fazer alguma coisa para impedi-la de pecar.

A urgência de protegermos a pureza de nossas esposas intensifica-se ainda mais em uma cultura na qual milhões de homens enviam suas esposas diariamente para um ambiente de trabalho mundano, para trabalhar sob a supervisão de alguém, ombro a ombro com tentações muito poderosas. A esposa passa o dia em um escritório com outros homens bem-vestidos e bem-sucedidos. Ela também está vestida para aquele ambiente de negócios. Tudo ali parece muito bom se comparado ao que ela encontra em casa. Com base nos testemunhos de pessoas a quem aconselhei, sei que esse tipo de situação tem sido o ponto de partida para a dissolução de muitos casamentos.

Os maridos precisam estar alertas a esses perigos e evitá-los. Também precisam se manter puros no local de trabalho. O homem que flerta com sua secretária ou com outras mulheres não está honrando sua esposa; ao contrário, está colocando a pureza dela em risco também, porque qualquer coisa que o desonre no fim também a desonrará.

A Bíblia diz em 1Coríntios 13:6 que o amor "não se alegra com a injustiça, mas se alegra com a verdade". O verdadeiro amor jamais poderia encontrar prazer na injustiça, principalmente com o tipo de injustiça que desonra o ser amado. O amor genuíno se preocupa com a pureza. E o marido que realmente ama sua esposa considera um privilégio, uma honra e uma alegria proteger a pureza dela. Que bênção uma esposa pura traz para a vida dele!

É um amor cuidadoso

"Da mesma forma, os maridos devem amar cada um a sua mulher como a seu próprio corpo. Quem ama sua mulher, ama a si mesmo. Além do mais, ninguém jamais odiou o seu próprio corpo, antes o alimenta e dele cuida, como também Cristo faz com a igreja, pois somos membros do seu corpo" (Efésios 5:28-30).

O que significa amar sua esposa como o seu próprio corpo? Na verdade, é um conceito bastante simples. Você cuida do próprio corpo. Se ele está doente, você o coloca na cama para que ele possa melhorar. Se ele está com fome, você o alimenta. Se está com sede, você lhe dá algo para beber. Se está desgrenhado, você o limpa. Você cuida dele constantemente — alimentando-o, vestindo-o, dando-lhe conforto e tudo que ele precisa. E essa é a essência do amor que você deveria demonstrar por sua esposa: preocupe-se em suprir as necessidades dela.

A comparação com os cuidados em relação ao próprio corpo é especialmente apropriada ao casamento, por causa da maneira como Deus estabeleceu que o casamento fosse. Paulo prossegue citando Gênesis, quando Deus estabeleceu o casamento como uma instituição pela primeira vez: "Portanto deixará o homem seu pai e sua mãe e se unirá à sua mulher, e serão uma só carne" (Gênesis 2:24; Efésios 5:31).

Quando um homem e uma mulher se casam, eles se tornam um. E a união do casamento é consumada com a união corporal literal do marido e da mulher. Os dois se tornam uma só carne. Desse ponto em diante, o marido deve considerar que, se as necessidades de sua esposa não estão sendo atendidas, as necessidades dele também não estão. Ele deve dar a ela o mesmo cuidado e a mesma consideração que dá ao próprio corpo.

Temos um pequeno aviso pendurado na cozinha de nossa casa: "Se a mamãe não está feliz, ninguém está." Certamente isso vale para o casamento. O marido que permite que as necessidades de sua esposa permaneçam sem ser atendidas logo sentirá a dor disso! E com razão. Se você quer ser um marido realizado, precisa ter uma esposa realizada. Se você quer felicidade e harmonia em seu casamento, trate sua esposa tão bem quanto a si mesmo. Se você quer ser um pai realizado, precisa ter filhos realizados.

O apóstolo Paulo diz: "Ninguém jamais odiou a sua própria carne." Simplesmente não é normal odiar a si mesmo. Até as pessoas que dizem ter baixa autoestima geralmente estão expressando algum tipo de orgulho egocêntrico, e não verdadeiro ódio por si mesmas. Afinal, elas evitam as coisas que as ferem, comem quando estão com fome, ou seja, têm os mesmos instintos de autopreservação de qualquer outra pessoa. De fato, elas não *odeiam* a si mesmas. Na verdade, a maioria das pessoas que pensa ter a autoestima baixa agrada a si mesma mais do que as pessoas comuns.

É normal cuidar das próprias necessidades. Não há nada de errado com isso, a não ser que deixemos de demonstrar uma consideração semelhante com os outros (ver Marcos 12:31). Certamente a atitude normal de um marido com sua esposa deveria pressupor um amor cuidadoso. Algo está gravemente errado e nada salutar se o marido não cuida de sua esposa e não a valoriza da maneira como faria com o próprio corpo. A perspectiva do marido está terrivelmente distorcida se ele pensa em sua esposa como sua cozinheira particular, como sua empregada, como sua babá, como sua parceira sexual, e nada mais. É extremamente inconcebível ele colocá-la na posição de prover sustento financeiro para o lar. Ela é um tesouro dado por Deus para ser cuidado, valorizado, alimentado, para ser uma ajudadora em amor, para suprir a necessidade de amor, de companheirismo, de intimidade física, de parceria e de amizade de seu marido, e para ser a mãe de seus filhos. Marido e mulher são uma só carne. Essa é a união mais perfeita da terra. E o marido que realmente entende essa união com sua esposa naturalmente cuidará dela da mesma maneira que cuida de si mesmo.

Esse princípio tem um significado ainda mais profundo em um casamento cristão. A esposa não é apenas uma só com o marido — ela é uma com Cristo também. Em seu casamento, ela é uma com seu marido e, no que diz respeito a sua salvação, é uma com Cristo. Então, a maneira como o marido a trata reflete como ele vê o Senhor. O próprio Jesus disse isto: "Digo-lhes a verdade: 'O que vocês fizerem a algum dos Meus menores irmãos, a Mim o fazeis'" (Mateus 25:40). Certamente esse princípio se aplica mais do que nunca a um casamento cristão.

O apóstolo enfatiza tudo isso com duas palavras em Efésios 5:29: *ektrepho* (alimenta) e *thalpo* (cuida).

Ektrepho é usada apenas em outro trecho do Novo Testamento, Efésios 6:4 (um versículo já familiar para nós), quando é traduzida como "criai-os". Os maridos são chamados a alimentar suas esposas e levá-las à maturidade de uma maneira semelhante à forma como os pais alimentam e cuidam de seus filhos. Esse fato sugere que eles devem suprir as necessidades delas, alimentá-las (tanto espiritualmente quanto literalmente) e ajudar a conduzi-las à maturidade espiritual. Isso não apenas enfatiza a responsabilidade do homem de ser o responsável pelo sustento do lar, como também enfatiza sua responsabilidade de assumir o papel da liderança espiritual da família.

Thalpo significa literalmente "aquecer com o calor do corpo". É uma bela expressão que enfatiza a intimidade e a ternura do dever do marido com a esposa. A palavra grega era usada algumas vezes para descrever um pássaro que prepara seu ninho, e é usada desse mesmo modo em 1Tessalonicenses 2:7, evocando a imagem de prover um ninho, dando calor e segurança, cuidando com ternura como algo frágil e precioso.

Porém, nossa sociedade age de modo contrário. As mulheres são pressionadas a serem duras e independentes, enquanto os homens são levados a ser fracos e afeminados. As mulheres são encorajadas a deixar o lar e a lutar por sucesso no mundo dos negócios, enquanto os homens são repreendidos por serem protetores demais. Muitas mulheres ficam incomodadas com a ideia de que os maridos devem alimentar e cuidar de suas esposas, mas essa é uma ordem bíblica clara. É assim que Deus organizou a família. A esposa não foi chamada para ser a provedora. Ela não tem o papel de sustentar sua família. Essa é a responsabilidade do marido. E se o homem não sustenta sua família, de acordo com 1Timóteo 5:8, ele "negou a fé e é pior que um descrente".

Maridos e pais, somos os provedores e os protetores de nossas esposas e filhos. Quando suas necessidades são supridas e cuidamos deles como cuidaríamos de nós mesmos, então estamos demonstrando o tipo de amor cuidadoso que Deus quer que derramemos sobre nossas famílias.

É um amor duradouro

O amor do marido deve ser também um amor inabalável. Ele deve perseverar apesar de todas as provações e de todos os obstáculos. O próprio Deus projetou o casamento desta maneira: "Por este motivo deixará o homem seu pai e sua mãe e se unirá à sua mulher, e serão os dois uma só carne" (Efésios 5:31). Cristo enfatizou a permanência dessa união: "Assim, eles já não são dois, mas sim uma só carne. Portanto, o que Deus uniu, ninguém separe" (Mateus 19:6).

A união do casamento é fundamentalmente uma união *física*: "Se tornarão os dois uma só carne." Essa expressão se refere, é claro, à união sexual entre marido e mulher. E os frutos dessa união, os filhos, carregam o padrão genético de duas pessoas que se tornaram uma só carne. É uma das maravilhas mais impressionantes da Criação de Deus. Ela começa com a união física do marido e da mulher. A vida do homem se une com a vida da mulher, e na intimidade dessa relação física os dois se tornam uma carne. Essa é uma união tão sagrada que o apóstolo Paulo advertiu os coríntios sobre os perigos de a corromperem com a promiscuidade: "Vocês não sabem que aquele que se une a uma prostituta é um corpo com ela?" (1Coríntios 6:16). Violar o casamento de tal maneira não apenas corrompe a união ente marido e mulher; também corrompe a união ente Cristo e o cristão. "Tomarei eu os membros de Cristo e os unirei a uma prostituta? De maneira nenhuma!" (v. 15).

Contudo, além da união física entre marido e mulher também há uma união *espiritual*. *Deus* os une (ver Mateus 19:6). A união do casamento envolve todos os aspectos da vida — as emoções, o intelecto, o corpo, a personalidade, os gostos e as preferências, a adoração, o serviço, a vida privada e a vida pública. Todas essas coisas são compartilhadas pelo marido e pela mulher. Os dois se tornam um de uma maneira inexplicavelmente íntima. Esse é o projeto de Deus para o casamento.

Em certo sentido, até a identidade individual é perdida quando os dois se tornam um. Eles são como uma nova pessoa, unificada com um parceiro para toda a vida, presos um ao outro, compartilhando um com o outro, unidos indissoluvelmente pelo próprio Deus. É por isso que o Senhor, o Deus de Israel, diz: "Eu odeio o divórcio" (Malaquias 2:16).

Agora veja novamente o que Paulo está dizendo sobre o casamento em Efésios 5:31: "Por essa razão, o homem deixará pai e mãe e se unirá à sua mulher." Assim como em Gênesis 2:24, as palavras-chave são "deixará" e "se unirá".

Deixar. A palavra grega traduzida como "deixará" em Efésios 5:31 é *kataleipo*, um verbo que significa "deixar para trás" ou "abandonar completamente". Há um corte vital no relacionamento pai-filho que deve ocorrer quando um casal se une. O casamento não põe um fim definitivo no relacionamento com os pais, é claro. Nem elimina a responsabilidade do filho de honrar pai e mãe. Mas, realmente, com o casamento o filho deixa de estar sob o comando direto dos pais, estabelecendo uma casa completamente nova com uma liderança completamente nova. O novo marido se torna o cabeça da esposa. O casal já não é mais composto de filhos sob a supervisão direta dos pais, e os pais já não são mais diretamente responsáveis por eles. Deixar pai e mãe é parte essencial de todo casamento. Quando os jovens casais tentam "se unir", mas se esquecem de "deixar", e isso gera o caos no jovem casamento.

Unir. A palavra traduzida como "se unirá a" é *proskollao*, que significa literalmente "ser colado a". A unidade inicial da união física aciona uma unidade de mente, de propósito, uma de coração e uma de emoção. Tendo deixado seus pais e quebrado um vínculo totalmente seguro, eles agora formam uma nova união, que no plano de Deus deve ser inquebrável.

O MOTIVO DO AMOR

O *significado* do amor se resume à palavra "submissão". A *maneira* do amor é o "sacrifício" — definido pelo amor de Cristo, que supõe uma entrega completa à Igreja. Qual é o *motivo* do amor do marido por sua esposa?

"Este é um mistério profundo", Paulo escreveu, "refiro-me, porém, a Cristo e à igreja. Portanto, cada um de vocês também ame a sua mulher como a si mesmo, e a mulher trate o marido com todo o respeito" (Efésios 5:32-33). Eis o motivo: a *sacralidade* do amor.

O casamento é uma imagem de Cristo e da Igreja. Ele é um mistério sagrado. Na verdade, a sacralidade da Igreja de Cristo está ligada à sacralidade do casamento. Cristo é o Noivo celestial e a Igreja é a sua Noiva (ver Apocalipse 21:9). O casamento reflete essa união. O marido é chamado para ser semelhante a Cristo em seu amor por sua esposa porque isso protege a sacralidade da lição divina. O marido cristão, portanto, demonstra o que ele pensa acerca de Cristo pela maneira como trata sua esposa. E o casamento em si é uma instituição sagrada pelo que ele designa.

Esse é o melhor motivo que conheço para um marido amar sua esposa. O seu amor por ela honra Cristo. A maneira como ele a trata é um testemunho — não apenas para a esposa, mas também para o mundo de forma geral — do amor de Cristo pelo seu povo. O marido que entende esse sagrado mistério terá prazer em amar, em purificar, em proteger e em cuidar de sua esposa. E essa união sagrada é o fundamento com base no qual os pais educam e encorajam seus filhos rumo à maturidade.

Capítulo 8
O papel da mãe

Mulheres, sujeite-se cada uma a seu marido, como ao Senhor.

— Efésios 5:22

DESDE O PRINCÍPIO, NO CAPÍTULO 4 de Gênesis, a família — a primeira instituição ordenada divinamente — está sob ataque. O primeiro filho nascido, Caim, cresceu e matou o irmão mais novo, Abel. E no fim do livro de Gênesis, a crônica da humanidade primitiva parece um "Quem é quem" de famílias disfuncionais.

Não apenas aquela primeira família foi desfeita pela rivalidade entre irmãos. Nas gerações que se seguiram, praticamente todos descendentes deles também se envolveram em outros pecados com uma velocidade alarmante. A linhagem familiar de Caim é traçada na segunda metade de Gênesis 4. Ali encontramos Lameque, evidentemente o primeiro polígamo, que matou uma pessoa e escreveu um poema para uma de suas esposas se gabando do fato. A linhagem familiar de Adão é traçada posteriormente em Gênesis 5. Ali encontramos pela primeira vez Noé, patriarca da única família que Deus preservou quando destruiu o mundo inteiro por causa da busca irredutível da humanidade pelo mal.

Contudo, mesmo a família de Noé não é modelo de valores familiares. Gênesis 9 relata como Noé ficou embriagado. Enquanto ele estava em um estupor catatônico, um de seus filhos, Cam, revelou a nudez de Noé e se gabou disso com seus irmãos. A reação do pai foi amaldiçoar Cam e toda a sua descendência. A geração de Noé também não se comportou especialmente bem. Todas as nações que ela gerou logo adotaram as características do paganismo. Poligamia, luxúria, adultério, incesto e uma série de outras abominações continuaram a dominar a família humana. Na verdade, os mesmos pecados que haviam corrompido a humanidade antes do Dilúvio continuaram em pleno vigor depois dele. (Compare Gênesis 6:5 com 8:21). Não demorou muito, e Deus julgou o mundo novamente, dessa vez confundindo as línguas em Babel.

Então, Deus chamou Abraão. Ele é o paradigma da fé, mas sua vida familiar não é nem um pouco exemplar. Ele e sua esposa Sara planejaram gerar uma descendência por meio de uma união sexual ilícita entre Abraão e a serva de Sara, Hagar. O filho gerado por essa união foi Ismael, que competia com seu meio-irmão Isaque pelo afeto de Abraão, dividindo a família. Os filhos gêmeos de Isaque, Esaú e Jacó, tornaram-se rivais amargos, estabelecendo o conflito também naquela geração da família. Na geração seguinte, os filhos mais velhos de Jacó venderam José, seu irmão mais novo, como escravo e mentiram a seu pai sobre isso. Sem exceção, todas as gerações de Gênesis tiveram sua cota de problemas familiares. Mas Deus é fiel. Por intermédio de uma geração problemática após a outra, ele manteve a linhagem da promessa messiânica viva apesar de tudo, não por causa de como as famílias eram, mas apesar disso.

Há um contraste interessante entre o princípio e o fim de Gênesis. O livro começa com as palavras: "No princípio criou Deus..." (1:1), mas termina com as palavras "...num sarcófago no Egito" (50:26). O capítulo de abertura de Gênesis trata da Criação; o capítulo de encerramento é sobre a morte. No princípio, Adão é colocado em um lindo jardim cercado de vida e de bênçãos divinas. No fim, o corpo de Jacó é enterrado em uma caverna com os corpos de Abraão, Sara, Isaque, Rebeca e Lia, e a família na qual a linhagem messiânica residia estava no exílio, no Egito.

A totalidade do livro de Gênesis é sobre como o pecado destrói o que Deus criou para ser bom. E um dos temas que se salta aos olhos ao lermos sobre o declínio da humanidade em Gênesis é o terrível preço que o pecado cobra à instituição da família. Desde o tempo em que Adão pecou e manchou toda a raça com a corrupção até os dias atuais, as famílias têm passado por lutas.

Na verdade, os problemas familiares são inerentes à maldição do pecado de Adão. Deus dirigiu este aspecto da maldição a Eva: "À mulher, ele declarou: 'Multiplicarei grandemente o seu sofrimento na gravidez; com sofrimento você dará à luz filhos. *Seu desejo será para o seu marido, e ele a dominará'*" (Gênesis 3:16, grifo do autor). Além do aumento da dor do parto, a mulher teria de carregar a frustração de uma luta perpétua entre ela mesma e seu marido no relacionamento matrimonial. Compare a frase destacada do versículo citado anteriormente com uma expressão semelhante em Gênesis 4:7, que usa palavras e construções parecidas tanto em português quanto em hebraico: "O pecado está à porta. *O seu desejo será contra ti, mas a ti cumpre dominá-lo*" (grifo do autor).

O "desejo" mencionado em Gênesis 3:16 não é o desejo sexual ou emocional da mulher pelo marido. É o desejo ilícito de usurpar a liderança dele. É exatamente como o desejo do pecado de nos dominar, descrito praticamente nas mesmas palavras em 4:7. A palavra hebraica traduzida como "desejo" em ambos os versículos é *teshuqah*, que vem de uma raiz árabe que significa "compelir, tentar controlar".

Além do mais, a palavra para "dominar" tanto em Gênesis 3:16 quanto em Gênesis 4:7 é diferente das palavras hebraicas usadas em Gênesis 1:28, em que Deus ordenou pela primeira vez a Adão "sujeitar" a terra e "dominá-la". Adão recebeu um domínio legítimo sobre sua mulher; mas sob a influência do pecado ele corromperia esse domínio a um tipo de governo totalmente diferente, despótico. Compare as duas passagens novamente. Em Gênesis 4:7, Deus estava advertindo Caim de que o pecado queria controlá-lo, mas que ele devia adquirir a soberania sobre o pecado. Usando uma expressão paralela em Gênesis 3:16, o Senhor estava advertindo Eva de que uma das consequências amargas de seu pecado seria uma luta perpétua com seu marido. Ela tentaria usurpar a autoridade dele, e ele responderia tentando impor um domínio despótico e autoritário sobre ela que a anularia, algo jamais intencionado por Deus.

Vemos essas mesmas consequências em operação no fracasso de milhões de famílias nos dias atuais. As mulheres tentam assumir o comando e reverter a ordem divina no lar, e os homens reagem com uma autoridade dominadora e tirânica que Deus nunca lhes concedeu.

Em outras palavras, os conflitos entre maridos e esposas são frutos do estado caído da humanidade. Isso é uma verdade, exatamente da mesma maneira que o mau comportamento de uma criança é uma demonstração da perversidade dela. Você talvez pergunte "que chance tem o casamento?", e a resposta é "pouca", principalmente para as pessoas sem Cristo.

Hoje, a instituição do casamento enfrenta um perigo particular com a ascensão do movimento feminista. Muitas feministas radicais têm exigido abertamente o fim do casamento como instituição. Por exemplo, um documento que ajudou a moldar a agenda feminista moderna, "A declaração do feminismo", fazia a seguinte afirmação: "O casamento existiu em benefício dos homens e tem sido um método sancionado legalmente de controle sobre as mulheres. O fim da instituição do casamento é uma condição necessária para a liberação da mulher. Portanto é importante que encorajemos as mulheres a deixarem seus maridos e a não viverem individualmente com homens. Agora sabemos que foi a instituição do casamento que falhou conosco, e devemos trabalhar para destruí-la."

É lógico que a maioria das feministas se expressa de modo mais sutil do que esse. Em vez de exigir o fim do casamento *em si*, elas simplesmente negam o dever da mulher de se submeter ao marido. Impelidas pelo mesmo desejo de usurpar a autoridade de seus maridos inerente à maldição de Gênesis 3:16, elas não ficarão satisfeitas com a igualdade *espiritual* que a Bíblia diz existir entre marido e mulher. Elas estão determinadas a erradicar completamente a autoridade e a submissão do casamento. Embora esse objetivo possa parecer meramente igualitário e justo, na verdade é uma receita para o caos. Ele mina a coesão da unidade familiar e estabelece a anarquia, sem ninguém no comando e todos simplesmente fazendo o que é certo aos próprios olhos. Reverter as linhas de autoridade bíblicas em uma família não elimina os conflitos, apenas os multiplica.

Como observamos no capítulo anterior, há um verdadeiro sentido no qual maridos e mulheres — e nesse sentido todos os cristãos também — devem se submeter uns aos outros (Efésios 5:21). Também há uma igualdade espiritual entre maridos e esposas no casamento. Eles são "coerdeiros da graça da vida" (1Pedro 3:7). No corpo de Cristo, "não há judeu nem grego, escravo nem livre, homem nem mulher; pois todos são um em Cristo Jesus" (Gálatas 3:28). Portanto, há uma espécie de igualdade que coloca o marido e a esposa em uma posição de equidade diante de Deus.

Essa igualdade espiritual, porém, não elimina a necessidade de uma estrutura de autoridade na família. Portanto, a Bíblia estabelece essa ordem de modo inconfundível: "Mulheres, sujeite-se cada uma a seu marido, como ao Senhor, pois o marido é o cabeça da mulher, como também Cristo é o cabeça da igreja" (Efésios 5:22-23).

Assim, o marido recebe autoridade no casamento, e a esposa é ordenada a seguir sua liderança. De forma semelhante, os pais recebem autoridade na família, e os filhos são ensinados a segui-los. Há uma verdadeira igualdade espiritual entre todas as partes. A esposa pode estar no mesmo nível intelectual que o marido ou ser mais sábia; os filhos também podem ter dons e talentos que são iguais ou superiores aos dos pais. Mas esse tipo de igualdade não anula as importantes diferenças ordenadas por Deus entre os papéis. É evidente que a Palavra de Deus é muito clara a respeito disso: determinada autoridade, acompanhada de uma responsabilidade correspondente, é intrínseca ao papel adequado do marido. E a esposa deve se submeter a essa autoridade.

Como vimos no capítulo anterior, a responsabilidade do marido inclui o dever de sustentar, proteger, abrigar, alimentar e cuidar de sua família, e de sua esposa em particular. Com essa responsabilidade vem a autoridade à qual a esposa é ordenada a se submeter. A medida extra de responsabilidade e a medida extra de autoridade estão inextricavelmente ligadas. O marido deve carregar nos ombros a responsabilidade de sustentar a família, e com essa responsabilidade vem a autoridade para tomar decisões sobre a administração das finanças domésticas. Se é dever do homem proteger sua família e fornecer um lugar para que eles vivam, ele também deve receber autoridade em todas as decisões relacionadas a essas questões.

Não há nada que proíba um homem de buscar o conselho de sua esposa sobre onde a família deve morar, que oferta de trabalho ele deve aceitar, se a família deve participar desta ou daquela atividade, ou uma série de outras decisões semelhantes. Na verdade, o homem que *não* está interessado na opinião de sua esposa é um marido tolo e indiferente. Contudo, as decisões finais definitivamente são prerrogativa do marido, porque ele é o único que prestará contas a Deus pela administração de sua família.

A mulher recebe a ordem de se submeter. Esse ponto é tão fundamental para os deveres da esposa que o apóstolo Paulo o enfatiza como uma das lições fundamentais que as mulheres mais velhas da igreja devem ensinar às mais novas: "Assim poderão orientar as mulheres mais jovens a amarem seus maridos e seus filhos, a serem prudentes e puras, a estarem ocupadas em casa, e a serem bondosas e sujeitas a seus maridos, a fim de que a palavra de Deus não seja difamada" (Tito 2:4-5).

Colossenses 3:18 ecoa a mesma ideia: "Mulheres, sujeite-se cada uma a seu marido, como convém a quem está no Senhor." O apóstolo deixa claro que esse comportamento não é uma preferência cultural; é um mandamento do próprio Deus. A submissão da esposa *convém a quem está no Senhor*. A palavra grega traduzida como "convém" é *aneko*, que fala de algo que é próprio, adequado. Paulo usa a palavra apenas em duas outras passagens em suas epístolas. Uma delas é em Efésios 5:4, onde ele diz que as obscenidades e os gracejos imorais entre os santos "não são convenientes" (*aneko*). A outra é no capítulo 8 de Filemom, onde ele diz a Filemom para "ordenar... o que convém" (*aneko*). Em cada caso Paulo emprega o termo para impor obediência ao que "convém" ou para proibir a prática do que "não convém". Em termos paulinos, então, dizer que algo "convém" (*aneko*) equivale a declarar que esse algo é um princípio obrigatório da Lei moral de Deus.

O dever da esposa de se submeter ao marido, portanto, não é opcional. A submissão é um aspecto obrigatório de seu papel como esposa e mãe. E violar ou abandonar esse princípio é minar o fundamento da própria família. Provérbios 14:1 diz: "A mulher sábia edifica a sua casa, mas com as próprias mãos a insensata derruba a sua." Uma das maneiras mais garantidas de destruir uma família é abandonando a estrutura de autoridade que Deus estabeleceu para ela.

Precisamos abordar esse assunto francamente e admitir que até mesmo os cristãos ficam confusos em relação como o equilíbrio autoridade-submissão deve funcionar no casamento. Não existem limites para o dever da esposa de se submeter? E se o marido não for cristão? Essa submissão torna a mulher uma cidadã de segunda classe? Isso quer dizer que todas as mulheres devem se submeter aos homens em geral?

Vamos mergulhar mais fundo nesse assunto lidando com algumas das perguntas mais fundamentais acerca da submissão da esposa.

A QUEM ELA SE SUBMETE?

Em primeiro lugar, a quem a mulher se submete? Todas as mulheres devem se submeter a todos os homens? As mulheres são uma classe sob a autoridade dos homens?

A Bíblia é muito clara a respeito disto: "Mulheres, sujeite-se cada uma *a seu marido* [...] Assim como a igreja está sujeita a Cristo, também as mulheres estejam em tudo sujeitas *a seus maridos*" (Efésios 5:22,24; grifo do autor). A mesma frase é repetida praticamente em todos os versículos que ordenam que as esposas obedeçam: "Mulheres, sujeite-se cada uma *a seu marido*" (Colossenses 3:18, grifo do autor). As mulheres mais velhas devem ensinar as mais jovens a serem *"sujeitas a seus maridos."* (ver Tito 2:5). "Mulheres, sujeite-se cada uma *a seu marido* [...] Pois era assim que também costumavam adornar-se as santas mulheres do passado, que colocavam sua esperança em Deus. Elas se sujeitavam cada uma *a seu marido*" (1Pedro 3:1,5; grifo do autor em todas as citações anteriores).

Por vezes seguidas, a Bíblia enfatiza este princípio: as esposas devem se submeter *a seus maridos*. Minha esposa não tem o dever de se submeter a qualquer outro homem apenas pelo fato de ele ser um homem e ela ser uma mulher. Se um homem acredita que sua masculinidade lhe dá uma autoridade natural sobre todas as mulheres, ele não compreendeu a Palavra de Deus.

Na verdade, a única instituição fora do casamento na qual Deus limita expressamente a hierarquia à liderança do homem é a Igreja. Os homens, e não as mulheres, devem ter a autoridade de ensino e a autoridade administrativa na Igreja. Paulo diz: "A mulher deve aprender em silêncio, com toda a sujeição. Não permito que a mulher ensine, nem que tenha autoridade sobre o homem. Esteja, porém, em silêncio" (1Timóteo 2:11-12). O contexto do versículo mostra que Paulo se refere aos papéis de liderança na Igreja. Ele está dizendo que, na Igreja, as mulheres não devem assumir funções que envolvam ensinar aos homens, assim como não lhes é permitido assumir posições de autoridade administrativa sobre eles. O apóstolo continua com o tema da liderança da Igreja nos versículos que se seguem, dando os requisitos para aqueles que ocupam posições na Igreja. Ao delinear essas diretrizes, ele deixa claro que os presbíteros e diáconos devem ser *homens* fiéis (ver 1Timóteo 3:1-13). Então, em 1Coríntios 14:34-35, ele escreve: "Permaneçam as mulheres em silêncio nas igrejas, pois não lhes é permitido falar; antes permaneçam em submissão, como diz a Lei. Se quiserem aprender alguma coisa, que perguntem a seus maridos em casa; pois é vergonhoso uma mulher falar na igreja." Em todas as partes nas quais a Bíblia fala sobre os papéis de liderança na Igreja, ela se refere ao homem.

Nada na Bíblia sugere, entretanto, que toda mulher deve se submeter a todos os homens em todas as situações. No contexto da Igreja, as mulheres são chamadas a se submeterem aos homens, pois Deus colocou a Igreja sob sua supervisão. Mas observe que os outros homens na Igreja *também* têm ordem de se submeter aos pastores do rebanho (ver Hebreus 13:17). Nenhuma parte da Bíblia diz que a mulher deve tratar todos os homens na Igreja como se eles estivessem em posição de autoridade sobre ela; nem que os homens têm qualquer autoridade sobre as mulheres que não são suas esposas. A mulher deve se submeter apenas aos homens que tenham autoridade legítima sobre ela. No contexto da Igreja, seriam os presbíteros. No contexto do casamento e da vida em família, seria *"o seu marido"*.

Lembre-se de que a responsabilidade do marido de cuidar de sua esposa e alimentá-la é o que justifica a sua autoridade sobre ela. Os homens que não têm essa responsabilidade pelo bem-estar de sua mulher não têm o direito de pretender ter autoridade sobre ela somente pelo fato de serem homens.

Até os presbíteros da Igreja não têm autoridade para se intrometer na família e exercer autoridade sobre uma mulher no contexto de sua casa e de sua vida familiar (a não ser que ela esteja envolvida em alguma transgressão clara da Bíblia que exija o tipo de disciplina prescrito em Mateus 18). Os presbíteros não têm autoridade intrínseca para tomar decisões pessoais pelos membros da Igreja nem direito de lhes dar ordens com respeito a questões que fogem ao ensino bíblico. A autoridade deles abrange o ministério da Igreja, o ensino e a ministração da Palavra de Deus. Eles não têm jurisdição sobre os assuntos privados dos membros do rebanho. Na verdade, observe que Paulo diz que se as mulheres tiverem perguntas sobre o ensino na Igreja, "que perguntem a seus maridos em casa" (1Coríntios 14:35). Portanto, até a tarefa de responder às perguntas espirituais da mulher é dever *de seu marido*, e não prerrogativa automática dos presbíteros de sua Igreja.

Uma das grandes desvantagens de uma esposa que trabalha em tempo integral é esta: ela muitas vezes é obrigada a se submeter a outros homens além de seu marido. A ordem dada por Deus é subvertida. Os choques entre a figura de autoridade da mulher no trabalho e a seu marido em casa são inevitáveis. Muitos patrões não têm escrúpulos em exigir a uma mulher que sacrifique suas prioridades no lar. Isso é especialmente verdade se ela precisa fazer viagens de negócios: ela é tirada de casa, removida do cuidado e da autoridade de seu marido e colocada sob uma cadeia de comando totalmente diferente. Dessa forma, torna-se praticamente impossível para a maioria das mulheres com um emprego cumprir a ordem de estarem "ocupadas em casa" (Tito 2:5).

As mães pagam um alto preço quando saem de casa para seguir uma carreira profissional. Elas não apenas deixam o papel que Deus projetou para as esposas, como muitas vezes precisam abandonar o papel de principal cuidadora dos próprios filhos, o mais importante desempenhado por elas. Creio que um dos piores erros que uma mãe pode cometer é sacrificar o tempo dedicado aos filhos para seguir uma profissão.

Entendo que essas não são opiniões populares ou politicamente corretas atualmente, mas sou obrigado a ensinar o que a Palavra de Deus diz. A Bíblia retrata a mulher ideal como a mantenedora do lar que está sujeita a seu marido, não como uma mulher executiva cuja família ocupa o segundo lugar.

A esposa independente e que trabalha se tornou o principal símbolo da rebelião da mulher contra a ordem de Deus. Mais de 50% de todas as mulheres agora estão no mercado de trabalho. Os números ultrapassam os 50 milhões de mães trabalhadoras. A maioria delas tem filhos em idade escolar (ou mais novos). Dois entre cada três filhos de três a cinco anos de idade agora passam parte do dia em instalações fora do lar. Suas mães abdicaram do papel materno em favor de uma carreira ou de realização pessoal.

O governo dos Estados Unidos agora oferece redução de impostos às creches para que as mães possam trabalhar, e as consequências dessa medida para os casamentos e para as famílias têm sido absolutamente devastadores. Essas mães, na verdade, abandonaram o lar. Elas se retiraram da supervisão de "seus maridos" e estão lutando pela independência no mercado de trabalho. Nesse processo, muitas rejeitaram o lar, os filhos e os maridos em todos os sentidos, optando pelo divórcio quando os conflitos entre a carreira e a família se tornaram grandes demais.

Eu também identifico a síndrome da mãe trabalhadora como um dos motivos mais importantes pelos quais tantos pais e mães modernos estão confusos quanto a como criar seus filhos. Tendo abandonado algo tão fundamental quanto a ordem de Deus para o lar, como eles podem esperar encontrar *alguma* metodologia eficaz para criar seus filhos?

Quando uma mãe abdica da ordem de Deus, toda a família sente os resultados. O projeto de Deus para a mulher é estar no lar — ser submissa a seu marido, cuidar de seus filhos e atender às necessidades de sua casa. As mães que querem ser mães de sucesso não podem desprezar essas tarefas e esperar ter a bênção do Senhor na criação dos filhos. Ser mãe não é uma tarefa de meio expediente. Ela não pode ser tratada como um trabalho secundário. A mãe, mais ainda do que o pai, deve estar dedicada a criar seus filhos em tempo integral. O lar é seu domínio.

Alguns protestam dizendo que isso torna a mulher uma cidadã de segunda classe, removida da força de trabalho, extirpada de qualquer influência, incapaz de deixar sua marca no mundo. Mas a Bíblia diz o contrário. A maior influência de uma mulher é manifesta por meio de seus filhos. Ela é aquela que os influencia mais do que qualquer outra pessoa, inclusive o pai, por causa de sua presença constante no lar. Por meio desse papel sublime, ela é resgatada de qualquer condição de segunda classe.

Creio que é exatamente isso que o apóstolo Paulo queria dizer em 1Timóteo 2:13-15: "Porque primeiro foi formado Adão, depois Eva. E Adão não foi enganado, mas a mulher, sendo enganada, caiu em transgressão; salvar-se-á, todavia, dando à luz filhos, se permanecer com sobriedade na fé, no amor e na santificação." Em outras palavras, o homem foi criado primeiro, mas a mulher caiu em pecado primeiro. Sua única primazia foi uma desgraça. Por causa da maldição, ela tende a ser relegada a um papel de subserviência sob um tipo tirânico de liderança. Apesar de tudo, ela se recupera da ignomínia dessa situação e do estigma de ter levado a raça humana ao pecado por meio de seu papel de influência como mãe que leva seus filhos à justiça.

Ser mãe não é de modo algum uma tarefa de segunda classe. Os homens podem ter a *autoridade* no lar, mas as mulheres têm a *influência*. A mãe, mais do que o pai, é aquela que molda e forma aquelas pequenas vidas desde o primeiro dia. Ela os toma no próprio coração e cuida deles desde os primeiros instantes de suas vidas. À medida que eles crescem, ela é aquela que está presente na maior parte do tempo, curando suas pequenas feridas e conduzindo-os pelos problemas da vida, dia a dia. O pai geralmente aparece depois do trabalho para dar ordens e ser enfático. Ele pode brincar com as crianças, ensinar-lhes e discipliná-las quando necessário, e até ganhar o afeto delas nesse processo. Mas ele raramente ocupará o mesmo lugar da mãe no coração delas. Você já viu um jogador de futebol quando percebe que está sendo filmado? Ele inevitavelmente acenará e dirá: "Oi, mãe!" Já vi isso mil vezes, mas nunca vi um só deles dizer: "Oi, pai!" Conheço treinadores que me dizem que nunca recrutam atletas; eles recrutam as mães deles. Se a mãe gostar de você, você está dentro. Ninguém mais, nem mesmo o pai, tem esse tipo de influência.

Mães, não permitam que ninguém as engane e as faça pensar que existe alguma coisa de ignóbil ou vergonhosa em ficar em casa e criar sua família. Não acredite na mentira que diz que você é reprimida se trabalhar em casa em vez de trabalhar fora. Dedicar-se completamente a seu papel como esposa e mãe não é repressão; é a verdadeira libertação. Multidões de mulheres acreditaram na mentira do mundo, vestiram um terninho, pegaram uma pasta, deixaram seus filhos em algum lugar para outra pessoa criar e entraram no mercado de trabalho, apenas para perceber 15 anos depois que elas e seus filhos têm um vazio no coração. Muitas executivas como essas agora dizem que gostariam de ter se dedicado à maternidade e ao lar.

"Dona de casa" é o papel que Deus projetou para as mulheres ocuparem (ver Tito 2:5; Provérbios 31). Ele instruiu as esposas e mães a se submeterem a seus maridos, em vez de se colocarem sob a dominação de outras pessoas fora de casa. É ali, sob a autoridade de seu marido, que a verdadeira mulher de Deus floresce. É ali que ela encontra sua maior alegria. E é ali que ela exerce sua maior influência.

POR QUE ELA SE SUBMETE?

Por que as esposas devem se submeter a seus maridos? "Pois o marido é o cabeça da mulher, como também Cristo é o cabeça da Igreja, que é o seu corpo, do qual ele é o Salvador" (Efésios 5:23). Como vimos no capítulo anterior, o casamento é uma imagem, uma lição objetiva sobre Cristo e a Igreja. Assim como Cristo é o cabeça da Igreja, também o marido é o cabeça da esposa.

A ordem em um casamento, portanto, é um emblema sagrado. Uma mulher que se recusa a se submeter a seu marido corrompe o significado da instituição divina.

Além do mais, a submissão da mulher a seu marido é estabelecida na ordem da Criação; é a ordem natural e adequada das coisas. O apóstolo Paulo, exigindo que as mulheres demonstrem atitudes submissas na adoração pública, escreveu: "Pois o homem não se originou da mulher, mas a mulher do homem; além disso, o homem não foi criado por causa da mulher, mas a mulher por causa do homem" (1Coríntios 14:8-9). Ele emprega um argumento semelhante em 1Timóteo 2:13: "Porque primeiro foi formado Adão, depois Eva." Eis o ponto: Eva foi criada para ser ajudante de Adão — para fazer-lhe companhia, para apoiá-lo e encorajá-lo, para trabalhar ao lado dele. Ela foi criada com o propósito expresso de ser sua esposa e ajudante, não para ter uma vida independente dele.

Até hoje o papel da mulher no relacionamento matrimonial é projetado para cumprir esses mesmos propósitos. Por quê? Porque Eva foi o presente da graça de Deus a Adão. O papel dela como sua mulher foi um símbolo da maravilhosa graça de Deus para o homem. A submissão de uma mulher a seu marido é uma expressão maravilhosa da graça divina. Quando ela abandona esse papel, é como roubar a graça de Deus de sua família.

Deus projetou os homens e as mulheres para encontrarem sua maior realização na obediência aos papéis que ele lhes designou de modo soberano. Em outras palavras, a ordem de Deus no lar reflete seus propósitos cheios de *graça*, e não algum desejo sinistro de diminuir as mulheres.

COMO ELA SE SUBMETE?

Como a mulher se submete? "Assim como a igreja está sujeita a Cristo, também as mulheres estejam em tudo sujeitas a seus maridos" (Efésios 5:24). Isso estabelece um padrão muito alto para a submissão da esposa. Ela deve se submeter a seu marido como a Igreja se submete a Cristo.

Como a Igreja se submete a Cristo? Com o amor por ele como o principal motivo por trás de toda a obediência. Esse versículo não está colocando o marido no papel de Deus e transformando as esposas em escravas ignóbeis. A esposa não é lacaia do marido, assim como a Igreja não deve encolher-se de medo e se arrastar diante de Cristo. Em vez disso, o que essa relação requer é um coração disposto, em concordância, que elimina a rebelião arrogante e o desafio insolente. Mas também significa que a esposa não deve dar sua aquiescência com raiva ou com um espírito amargurado. Ela deve seguir seu marido por causa de seu profundo amor por ele, assim como a Igreja segue Cristo por amor.

Além do mais, ela deve obedecer porque ele é o cabeça, assim como Cristo é o cabeça da Igreja. Em nosso organismo, a cabeça dá a direção e o corpo responde naturalmente. Quando o corpo não reage corretamente à cabeça, o resultado é uma paralisia incapacitante ou convulsões descontroladas. De uma forma ou de outra, é debilitante para o corpo. Do mesmo modo, a esposa que não quer responder à direção de seu cabeça prejudica a própria capacidade de fazer as coisas corretamente.

Contudo, submeter-se não significa perder a personalidade. Não significa que a esposa se torna um robô. Não significa que ela precisa se tornar insossa, sem vida e monótona. Não significa que ela deve sempre sufocar sua opinião. Mas significa que no fundo de seu coração deve haver um "espírito dócil e tranquilo, o que é de grande valor para Deus" (1Pedro 3:4). A esposa que responde voluntária e amorosamente à liderança de seu marido com esse espírito honra seu Senhor, seu marido, seus filhos, sua igreja e a si mesma.

ATÉ QUE PONTO ELA SE SUBMETE?

Por fim, até que ponto a esposa precisa se submeter? "Assim como a Igreja está sujeita a Cristo, também as mulheres estejam *em tudo* sujeitas a seus maridos" (Efésios 5:24, grifo do autor). A autoridade no lar não é dividida entre o marido e a mulher. As questões familiares não são separadas em categorias e divididas, para que o marido tenha autoridade na área das finanças, mas a esposa tome as decisões com respeito aos filhos. A esposa *realmente* tem certa autoridade sobre os filhos, é claro, mas até nisso ela deve se submeter a seu marido. A autoridade final é designada por Deus a ele. Ele certamente é livre para consultar sua esposa, para delegar certas tarefas e decisões a ela e para ceder aos instintos ou preferências dela no momento de decidir. No entanto, a verdadeira autoridade pertence ao marido. É ele quem prestará contas a Deus por sua omissão com sua família.

A única limitação à autoridade do marido é sugerida pelo princípio de Colossenses 3:18: "Mulheres, sujeite-se cada uma a seu marido, como convém a quem está no Senhor." Se a qualquer momento a autoridade do marido não "convier" (no sentido que o apóstolo dá à palavra), a esposa não é obrigada a se submeter. Observamos que o apóstolo Paulo usa repetidamente a palavra grega traduzida como "convém" (*aneko*) para descrever o que é moralmente obrigatório, e "não convém" para o que Deus proíbe. Então, se o marido tentar usar sua autoridade para ordenar à esposa que faça algo contrário à Palavra revelada de Deus, nesse momento ele ultrapassou os limites de sua autoridade, e a esposa não tem sequer *permissão* para obedecer-lhe. Esse mesmo princípio se aplica a *todas* as formas de autoridade: "É preciso obedecer antes a Deus do que aos homens" (Atos 5:29).

Você deve se lembrar, por exemplo, de um incidente no livro de Ester, no qual a rainha Vasti se recusou a fazer uma dança obscena diante de uma multidão embriagada (Ester 1:12). Ela estava certa em se recusar.

E quanto ao marido que é desobediente às coisas de Deus e indiferente a Jesus Cristo? A não ser que ordene que sua esposa desobedeça a Deus, ela ainda deve obedecer-lhe em todas as coisas.

E se ele for cruel e frio? E se ele não for nem bom nem gentil? Ela ainda deve se submeter a ele? Na verdade, deve. De fato, se ela quiser ganhá-lo para o Senhor, sua obediência é absolutamente essencial. O apóstolo Pedro trata exatamente desse assunto em 1Pedro 3:1-5:

Do mesmo modo, mulheres, sujeite-se cada uma a seu marido, a fim de que, se ele não obedece à palavra, seja ganho sem palavras, pelo procedimento de sua mulher, observando a conduta honesta e respeitosa de vocês. A beleza de vocês não deve estar nos enfeites exteriores, como cabelos trançados e joias de ouro ou roupas finas. Ao contrário, esteja no ser interior, que não perece, beleza demonstrada num espírito dócil e tranquilo, o que é de grande valor para Deus. Pois era assim que também costumavam adornar-se as santas mulheres do passado, que colocavam sua esperança em Deus. Elas se sujeitavam cada uma a seu marido.

Se seu marido é desobediente a Deus ou é incrédulo, mesmo que ele seja completamente hostil a sua fé e deliberadamente desobediente à Palavra de Deus, Deus quer que você se coloque debaixo da autoridade dele (mais uma vez, exceto em qualquer área em que seu marido lhe ordene desobedecer à Palavra de Deus).

Sua obediência pode ser exatamente aquilo que irá ganhá-lo. Irritá-lo não é a maneira que Deus quer que você use para trazê-lo para Cristo. Intimidá-lo com versículos bíblicos também não é uma tática sábia. O testemunho mais eficaz que qualquer mulher pode dar aos olhos de um marido incrédulo é sua submissão mansa e tranquila a ele (v.1), em uma "casta conduta acompanhada pelo temor" (v.2).

O adorno mais atraente de qualquer mulher é a virtude divina colocada contra o pano de fundo de um espírito manso e tranquilo de submissão. A verdadeira beleza em uma esposa nunca está "nos enfeites exteriores, como cabelos trançados e joias de ouro ou roupas finas" (v. 3). O que é realmente atraente é o ser interior (v. 4), adornado com uma beleza interior incorruptível e intensificado por um espírito submisso. Dando um exemplo piedoso para o marido incrédulo, a esposa submissa *demonstra* a ele o poder e a beleza do Evangelho por meio de seu efeito na própria vida. Esse é o meio mais poderoso que uma mulher tem de ganhar um marido desobediente ou incrédulo.

Tudo isso é duplamente importante quando a esposa também é mãe. Pelo seu testemunho de submissão segundo a orientação de Deus, ela pode dar um bom exemplo para seus filhos, dando-lhes um padrão para honrarem Cristo em meio a um ambiente no qual Cristo nem sempre é honrado.

O ideal, é claro, é que ambos os pais sejam mutuamente comprometidos com o padrão divino para a família, trabalhando juntos na ordem adequada para criar seus filhos na instrução e no conselho do Senhor.

O pai modelo é alguém como Josué, que não é influenciado pela opinião popular ou por modismos, mas que está disposto a se levantar contra tudo que é carnal e comprometedor, falando com ousadia por toda a sua família: "Se, porém, não lhes agrada servir ao Senhor, escolham hoje a quem irão servir, se aos deuses que os seus antepassados serviram além do Eufrates, ou aos deuses dos amorreus, em cuja terra vocês estão vivendo. Mas, eu e a minha família serviremos ao Senhor" (Josué 24:15).

E a mãe-modelo é uma mulher como Ana, cujos anseios mais profundos são o bem-estar de seu marido e de seus filhos, que dedica sua família ao Senhor (ver 1Samuel 1) e se dedica a cuidar dela.

Marido e mulher, seu casamento é o lugar mais importante para viverem seu Cristianismo. Se seu Cristianismo for algo reservado apenas à adoração aos domingos, sua família fracassará. Mas se vocês viverem sua fé no meio de sua família, todos os dias serão frutíferos, produtivos e abençoados por Deus.

Se vocês se afastarem dos princípios da Palavra de Deus, a vida de sua família será repleta de dor, decepção, tristeza, ira, ausência de realização e de todos os demais frutos da desobediência. Mas se vocês seguirem o padrão que Deus estabeleceu para a família, ele promete lhes dar sua bênção.

Criar filhos com sucesso

Criar filhos com sucesso é algo que não pode ser alcançado seguindo técnicas humanas e psicologia infantil. O verdadeiro sucesso na criação de filhos resulta somente da obediência fiel às instruções de Deus para a família.

Não há lugar melhor — e certamente não há lugar mais importante — para viver sua fé do que em seu lar. E se seu lar não é tudo que deveria ser, isso sem dúvida acontece porque os princípios da Palavra de Deus não estão sendo seguidos.

A família é o ambiente no qual sua devoção, fidelidade e consistência mais importam. É ali que tudo está em jogo. É ali que as maiores bênçãos podem ser alcançadas. Simplesmente não existe bênção terrena maior do que criar seus filhos de uma maneira que honre Deus, e depois vê-los crescer para honrarem Deus com as próprias vidas. Que Deus possa conceder essa bênção a sua família.

Apêndice 1

Jesus quer que eu seja um raio de sol?

Por Phil Johnson[1]

> Que todas estas palavras que hoje lhe ordeno estejam em seu coração. Ensine-as com persistência a seus filhos. Converse sobre elas quando estiver sentado em casa, quando estiver andando pelo caminho, quando se deitar e quando se levantar.
>
> — Deuteronômio 6:6-7

A LEMBRANÇA MAIS ANTIGA de minha infância são as aulas da escola dominical. Acho que eu tinha quatro anos, talvez até menos. Nossa igreja era um prédio antigo e imponente que tinha cheiro de sótão. As janelas de nossa sala de aula eram enormes, e eu amava a maneira como o sol brilhava e entrava por elas. Ficava magnetizado com aquelas pequenas partículas de poeira que dançavam sob os raios de sol em uma sala empoeirada.

Lembro-me claramente de um domingo em que estava sentado naquela sala aprendendo a canção "Jesus Wants Me for a Sunbeam" [Jesus quer que eu seja um raio de sol]. Nossa professora apontou com entusiasmo para os raios de sol que passavam pela janela, tentando fazer deles o assunto de nossa aula.

O único problema era que nenhum de nós entendia nada de metáforas. Tudo que eu conseguia pensar quando cantávamos aquela canção era naqueles pequenos pontos brilhantes flutuando no raio de luz, mas não conseguia imaginar *por que* Jesus iria querer que eu fosse um deles. Eu amava a canção, mas tenho de admitir que ela não fazia sentido para mim.

Essa lembrança está tão viva em minha memória que até hoje, quando ouço "Jesus Wants Me for a Sunbeam", sou imediatamente transportado de volta para aquela velha sala com grandes janelas, e aqueles pequenos pontos de pó sob a luz do sol me vêm à mente.

Meus filhos agora são mais velhos do que eu era naquele tempo, e um dia, há vários anos, de repente me ocorreu que as lembranças mais antigas que eles levariam para a vida adulta já haviam sido formadas. Quase tudo que eles estão aprendendo agora ficará com eles pelo restante de suas vidas. Esse é um pensamento assustador para um pai ou para uma mãe.

A maioria dos pais cristãos admitirá ficar um tanto intimidada pelo peso da responsabilidade que a Bíblia coloca sobre nós. Nossa tarefa é delineada em termos simples por versículos como Provérbios 22:6: "Instrui o menino no caminho em que deve andar" e Efésios 6:4: "Criem-nos [os seus filhos] segundo a instrução e o conselho do Senhor."

Entender nosso dever solene como pais *deveria* provocar certo medo e tremor. Mas, por outro lado, isso não deve nos paralisar. Ensinar a verdade espiritual a um filho é uma alegria. Ninguém é mais receptivo, tem mais vontade de aprender ou tem mais confiança do que uma criança. É provável que você nunca encontre discípulos mais ávidos do que seus filhos. Não desperdice essa oportunidade.

Deixe-me sugerir cinco princípios práticos que você deve recordar ao ensinar a verdade espiritual a seus filhos.

ENTENDA QUE AS CRIANÇAS PODEM CAPTAR A ESSÊNCIA DE PRATICAMENTE QUALQUER VERDADE

Entre todas as admoestações bíblicas para os pais ensinarem a seus filhos a Palavra de Deus, em nenhuma encontramos um termo de responsabilidade ou uma advertência de qualquer espécie. Não há classificação de limite de idade na Bíblia — nada nela é impróprio para públicos mais jovens. Toda a Palavra de Deus é para todas as idades.

Não retenha nenhum ensino de seus filhos por pensar que eles não estão prontos. Embora elas possam não entender completamente alguns dos conceitos espirituais mais difíceis, as crianças podem captar a essência de praticamente todas as verdades. Na verdade, elas estão mais bem-equipadas agora para assimilar a verdade espiritual do que quando forem mais velhas.

É por isso que Jesus exigiu que tivéssemos a fé de uma criança: "Digo-lhes a verdade: Quem não receber o Reino de Deus como uma criança, nunca entrará nele" (Marcos 10:15). O que torna a fé de uma criança diferente da fé de um adulto? As crianças simplesmente se recusam a se deixar perturbar pelo que não conseguem entender.

Encare o fato de que poucos de nós entendemos os conceitos de infinito, eternidade ou onipotência melhor do que entendíamos quando éramos crianças. Podemos falar dessas ideias com uma terminologia mais sofisticada agora, mas a nossa mente limitada ainda não consegue captar a realidade completa. Não tenha medo de admitir isso a seus filhos.

Quando meu filho mais moço, Jonathan, estava no jardim de infância, ele era fascinado com a verdade da onipresença de Deus. Ele sempre tentava pensar em algum lugar onde Deus não pudesse estar. "Papai, Deus vai aos jogos de beisebol?", perguntou ele. Expliquei-lhe em termos simples o que Davi disse no Salmo 139:7-10: "Para onde poderia eu escapar do Teu Espírito? Para onde poderia fugir da Tua presença? Se eu subir aos céus, lá estás; se eu fizer a minha cama na sepultura, também lá estás. Se eu subir com as asas da alvorada e morar na extremidade do mar, mesmo ali a Tua mão direita me guiará e me susterá." Garanti a Jonathan que se Deus está em todos esses lugares, ele também deve tolerar os jogos de beisebol.

Então admiti para meu filho que fiquei tão perplexo com essa verdade quanto ele. E Davi também ficava. Ele escreveu: "Tal conhecimento é maravilhoso demais para mim e está além do meu alcance" (v. 6).

O mais impressionante é que Jonathan não ficou nem um pouco perturbado por eu ter admitido minha ignorância. Ao contrário, ele pareceu se sentir altamente consolado em saber que não estava sozinho. Ele aceitou a verdade com o tipo mais puro de fé.

EVITE LINGUAGEM FIGURADA E SIMBOLISMOS NÃO EXPLICADOS

Os adultos em geral, tal qual a mulher que me ensinou a canção do raio de sol, acreditam que uma alegoria ou uma figura de linguagem irá esclarecer alguma grande verdade. Mas o fato é que, com as crianças, essas coisas geralmente apenas obscurecem a verdade.

Infelizmente, a linguagem mais frequentemente usada no evangelismo com crianças sofre dessa falha. "Convide Jesus para entrar no seu coração", dizemos às crianças. Que criança não pensa em um órgão vermelho, na forma de um coração, com uma pequena porta? Na verdade, é mais fácil e mais preciso explicar a fé como confiança completa e entrega incondicional. A maioria das crianças pequenas pode captar essas ideias mais cedo do que pode entender a metáfora de uma porta em seu coração.

As crianças pensam em imagens claras. Quando falamos, por exemplo, de um coração escuro pelo pecado, a imagem mental que elas criam é muito literal. Peça a um grupo de crianças para lhe dizer o que a canção "Brilha Jesus" significa. Você começará a entender o quanto elas pensam em termos literais.

Não há nada de errado em usar simbolismo ou linguagem figurativa para ilustrar a verdade para as crianças. Muitas histórias, fábulas e contos de fadas infantis excelentes demonstram o quanto a alegoria pode ser eficaz. Porém todo esse simbolismo deve ser cuidadosamente explicado, porque crianças pequenas não têm a capacidade de interpretar a linguagem figurativa de forma independente.

SEPARE CLARAMENTE A REALIDADE DA FANTASIA

As crianças de hoje são bombardeadas com fantasia e faz de conta. Os super-heróis e os brinquedos de fantasia alcançaram um nível de popularidade sem precedentes.

Até o currículo das escolas dominicais alimenta nossas crianças com doses enormes de fantasia. Alguns dos melhores materiais disponíveis incluem histórias de animais selvagens personificados e outras criaturas imaginárias.

Não há nada de necessariamente errado com essa abordagem. A fantasia pode ser uma ferramenta legítima e valiosa para ensinar às crianças. Mas não deixe de estabelecer uma linha clara entre o que é realidade e o que é fantasia. Se a lição é incluir tanto uma aventura do Batman quanto a história de Davi e Golias, certifique-se de que suas crianças saibam qual história é faz de conta e qual é uma história verídica.

Nunca me esquecerei de uma conversa que tive há alguns anos com uma menina de três anos. *O Incrível Hulk* era seu programa de TV favorito. David Banner, o personagem que se transforma no monstro esmeralda quando fica furioso, era o único Davi sobre quem ela conhecia alguma coisa. Ela ficou sentada durante toda a aula da escola dominical pensando que ele era o Davi de quem sua professora estava falando. Na versão de Davi e Golias que ela me contou, Davi gritou "Hulk!" e cortou fora a cabeça do gigante! Levei algum tempo para explicar a história para ela.

DESCUBRA O QUE SEUS FILHOS ESTÃO PENSANDO

Converse com seus filhos depois da escola dominical sobre o que aprenderam. É muito divertido, e você descobrirá exatamente que verdades eles estão aprendendo e quais estão passando pela cabeça deles.

Uma das pessoas mais interessantes que já conheci foi uma menina de quatro anos chamada Holly. Seus pais eram nossos melhores amigos, e minha esposa Darlene e eu costumávamos cuidar dela para eles. Holly e eu ficamos muito amigos e tivemos muitas conversas profundas.

Holly era extremamente bem-comportada e tinha um interesse extraordinário nas coisas espirituais. Um dia, porém, ela parecia estar determinada a ser indisciplinada. Não me lembro exatamente do que ela estava fazendo de errado; não era nada sério, mas uma coisa que ela quase nunca fazia. Depois de ter de falar com ela sobre seu comportamento diversas vezes, perguntei, frustrado:

— Holly, o que há de errado com você hoje?

— Não sei — ela suspirou. — Parece que simplesmente não estou conseguindo endireitar minha vida.

O tom de sua voz foi tão solene e sincero que tive de reprimir o impulso de rir.

— Bem, qual é o problema? — perguntei.

— Acho que a culpa é dos discípulos — disse ela com toda a seriedade.

Pensando que ela estava falando besteiras para tentar se safar, falei em um tom que mostrava que eu estava irritado:

— Ah, vamos lá, Holly. Como os discípulos poderiam ter qualquer coisa a ver com sua maneira de se comportar?

Os olhos dela se arregalaram e ela se debruçou para a frente, como se para me contar um grande segredo.

— Eles eram homens *muito* maus.

Nisso a Holly me pegou. Não queria terminar a conversa sem tratar dessa noção de que os discípulos eram sinistros, mas estava relutante em deixar que ela desviasse o assunto da questão de seu comportamento travesso. Sabendo que aquela conversa tinha o potencial para se tornar uma sessão muito longa, ainda assim decidi tratar uma coisa de cada vez.

— Os discípulos *não eram* homens maus — eu a desafiei.

— Ah, eram sim — corrigiu-me ela. — Eles não queriam deixar as crianças irem até Jesus.

— Tudo bem — concordei —, eles agiam mal às vezes, mas na maior parte do tempo eles eram homens bons. Eram os ajudantes de Jesus.

— Isso mesmo — disse Holly, como se ela fosse a professora e eu, o aluno. — Eles *eram* os ajudantes de Jesus, mas tentaram manter as crianças longe dele. Eles eram os caras maus.

Essa questão estava definida para ela, que estava visivelmente chocada com minha disposição de defender alguém que tentasse manter as criancinhas longe de Jesus.

Decidi rapidamente que seria prudente abandonar essa parte da discussão.

— Holly, os discípulos *não eram* maus — disse com determinação. — Mas mesmo se eles fossem maus, o que isso tem a ver com seu mau comportamento?

Ela soltou o ar com impaciência e explicou.

— Pedi a Jesus para entrar em meu coração e lavar todo o meu pecado. Acho que ele deve ter deixado os discípulos ajudarem, e eles não fizeram um bom trabalho!

Pense nisso. A lógica de Holly foi impecável. Usando todo o conhecimento teológico que tinha, ela havia tramado a explicação mais coerente para o pecado em uma vida cristã que sua mente de quatro anos de idade podia conjecturar. De alguma maneira, isso faz muito mais sentido que as desculpas que nós, adultos, inventamos. Eu nunca teria entendido o que ela estava pensando se não tivesse continuado a fazer perguntas.

NÃO ESPERE QUE ELES ENTENDAM A LIÇÃO NA PRIMEIRA VEZ

Holly e eu tivemos muitas conversas sobre os discípulos depois, e levei algum tempo para convencê-la de que eles não eram sujeitos maus. Ela finalmente entendeu.

As crianças raramente entendem a mensagem inteira de modo correto da primeira vez. É por isso que o melhor currículo de uma escola dominical apresenta muitas atividades de repetição e revisão.

Meu filho mais velho, Jeremias, tinha apenas três anos quando sua classe começou a ter lições formais. Eu adorava ouvi-lo contar de novo as histórias para mim, e ficava impressionado em ver o quanto ele era preciso quanto à maioria dos detalhes. Fiquei ainda mais impressionado pelo fato de a pequena mente dele conseguir absorver tanta informação.

No entanto, ele nem sempre entendia os detalhes corretamente.

Em um domingo, ele estava me contando sobre o batismo de Jesus. Ele repetiu a narrativa rápido como uma bala, sem parar para respirar:

— Jesus foi até aquele homem, João, que batizava as pessoas, e disse: "Batize-me." E João disse que não podia fazer isso porque ele não era bom o bastante, mas Jesus disse para ele fazer isso assim mesmo.

— Isso mesmo — disse eu, parabenizando a mim mesmo por meu filho ser tão bom ouvinte.

— Então João batizou Jesus — Jeremias continuou. Ele abaixou a voz, reduzindo-a a um sussurro dramático. — E então aconteceu uma coisa muito estranha.

— O que foi? — sussurrei de volta.

— Um pato grande desceu — disse ele.

Olhei para o desenho que ele havia colorido. Sem dúvida, João estava batizando Jesus enquanto um pássaro descia do céu. Jeremias, que pensou que a professora tinha dito "pato" em vez de "pomba", havia decorado seu pássaro com pés de pato e um bico enorme.

Bem, pelo menos ele havia entendido a essência da história. Fiquei feliz por ele ter aprendido tanto. Ele ficou muito impressionado quando descobriu que eu já conhecia a história, e passou a maior parte da tarde me pressionando para saber mais detalhes. Quando Jeremias tinha seis anos, ele era meio que uma autoridade em João Batista. Agora ele está na adolescência, dando aulas sobre a Bíblia para outras crianças.

Deuteronômio 6:6-7 relata a ordem de Deus a toda a nação judaica:

Que todas estas palavras que hoje lhe ordeno estejam em seu coração. Ensine-as com persistência a seus filhos. Converse sobre elas quando estiver sentado em casa, quando estiver andando pelo caminho, quando se deitar e quando se levantar.

O mesmo princípio ainda se aplica hoje. Ensinar a nossos filhos a verdade espiritual é um dever que nunca termina, nunca cessa. Mas também é um tremendo privilégio e uma grande alegria. Você é o principal guia espiritual de seu filho. Não abra mão desse papel. Não se permita ficar intimidado ou frustrado a ponto de abdicar dessa responsabilidade. Ela é a melhor coisa de sua função como pai ou mãe.

Apêndice 2

Respondendo a algumas perguntas-chave sobre a família

Durante muitos anos tenho respondido às perguntas das pessoas sobre criação de filhos e outros assuntos familiares. Quase 15 anos antes de escrever este livro, uma reunião dessas perguntas foi publicada em forma de livreto. Este apêndice é uma versão atualizada do livreto. Decidi incluí-lo aqui, embora muitas das perguntas respondidas tenham sido abordadas em maior profundidade ao longo do livro. As respostas resumidas e o formato dessas "perguntas-chave" representam um bom resumo e uma revisão dos tópicos abordados, além de ser uma ferramenta útil para os pais que procuram respostas rápidas para questões específicas.

NOSSA SOCIEDADE É TENEBROSA E DECADENTE. Os pecados que há apenas vinte anos nos faziam engolir em seco e dos quais se falava em tons de sussurro e preocupação agora são exibidos publicamente e até incentivados. Até pouco tempo, os casos extraconjugais eram um escândalo. Hoje, eles são vistos como algo normal. Até o presidente dos Estados Unidos pode ter um comportamento promíscuo com uma jovem estagiária, mentir sobre isso e receber o apoio avassalador nas pesquisas de opinião pública. Por quê? Porque a vida privada de muitos norte-americanos está cheia de pecados semelhantes. Nossa sociedade habituou-se à iniquidade do pecado. O homossexualismo, o incesto, o aborto e até a pedofilia já não chocam nem enfurecem a sociedade como acontecia no passado. Na verdade, todos esses pecados agora têm seu próprio grupo de defensores, pessoas que argumentam que essas coisas são atividades saudáveis e até desejáveis.

O colapso moral causou danos terríveis à família. Na verdade, *qualquer* ataque à fibra moral da sociedade é, no fim das contas, um ataque à família. Isso pode ser provado pelas estatísticas, que agora mostram que as famílias destruídas são a regra, e não a exceção. Ligue a TV em praticamente qualquer programa durante o dia e você provavelmente verá famílias se desintegrando diante dos seus olhos.

Os esforços organizados para minar a família e a vida familiar agora estão sendo patrocinados pelo movimento dos direitos da mulher, pelo movimento dos direitos das crianças e pelo movimento gay. Raramente vemos campanhas eleitorais em que não se incluam iniciativas a favor do "casamento gay" e outras propostas dos eleitores, cujo propósito único é redefinir todo o conceito de família. Estes são tempos perigosos para a família. Acrescente a essa mistura sinistra um conceito de casamento em constante mudança, a crescente aceitação do divórcio, a extinção das diferenças de gênero e a eliminação de qualquer distinção entre os papéis do macho e da fêmea, e torna-se fácil ver por que o conceito de família hoje não é nada semelhante ao que era há apenas duas décadas.

O resultado é que as famílias estão desmoronando. Será que restou alguém em nossa sociedade que não tenha sido tocado de alguma forma pelo divórcio, pelo abuso infantil, pela delinquência juvenil e por uma série de outros males diretamente relacionados à ruptura da família?

Em todas as gerações, a dissolução dos casamentos, as famílias destroçadas e os lares destruídos cobram um preço cada vez maior. As crianças desta geração colherão o que seus pais semearam, e elas plantarão sementes que darão frutos numa velocidade ainda maior. Os números crescem exponencialmente. O que podemos esperar das gerações futuras?

A única esperança é que os cristãos proclamem e reafirmem o padrão divino da Palavra de Deus — e principalmente vivam esse padrão na própria vida familiar. Os cristãos *precisam* se agarrar firmemente ao padrão bíblico para a família, que se difere do praticado pela sociedade.

E a Igreja deve começar novamente a articular sem medo ou vergonha o que a Palavra de Deus diz sobre a família.

No início dos anos 1980, fiz uma série de filmes e escrevi um livro sobre o tema família. A demanda por esse material ultrapassou tudo que eu havia escrito anteriormente. E durante os anos que se seguiram, aonde quer que eu fosse as pessoas me faziam perguntas sobre o assunto. Apesar das obras já publicadas e de tudo que foi dito sobre a família, os cristãos ainda estão sedentos por mais instrução.

Recentemente, com a ajuda da editora Word Publishing, fiz uma série completamente nova de vídeos sobre criação de filhos. O nível de interesse tem sido impressionante, e as pessoas estão clamando por mais. É encorajador e estimulante ver tantas pessoas tão entusiasmadas em organizar sua vida familiar de acordo com a Palavra de Deus.

Devo admitir, entretanto, que não me importo de forma particular em ser classificado como um "especialista em família". Não creio que nenhuma especialidade psicológica ou profissional seja necessária para ajudar no que aflige as famílias modernas. É impressionante como os princípios bíblicos que governam a ordem da família são simples e diretos. A Bíblia estabelece o padrão divino para a vida familiar em termos tão claros que qualquer pessoa que tentar seguir o caminho bíblico, ainda que seja louca, não se desviará (ver Isaías 35:8). A confusão ocorre quando as pessoas tentam encaixar o ensinamento bíblico na estrutura da "sabedoria" contemporânea. Precisamos acreditar piamente na Palavra de Deus e obedecê-la sem fazer concessões ou reservas.

Este apêndice não pode sequer começar a responder a *todas* as perguntas bíblicas que as pessoas farão sobre a família, mas estas são algumas perguntas-chave. Minha esperança é que estas respostas forneçam um ponto de partida para lidar com os questionamentos perturbadores que talvez você esteja se fazendo. A principal parte do livro deve se encaixar na maioria dos detalhes.

A família foi a primeira instituição terrena criada por Deus. Antes que houvesse governo, e muito antes de Deus instituir a Igreja, ele ordenou o casamento e a família como o elemento fundamental da sociedade. A destruição da família que estamos testemunhando hoje é, acredito, um presságio do colapso definitivo de toda nossa sociedade.

Quanto mais a família é ameaçada, mais a sociedade em si está correndo risco de extinção. Estamos vivendo nos últimos dias, e nada demonstra essa verdade em termos mais visuais do que a deterioração da família.

O trecho de Efésios 5:22 a 6:4 contém uma condensação do padrão bíblico para a vida em família. No trecho lemos instruções para os maridos, para as esposas, para os filhos e para os pais. Em alguns versículos perfeitamente simples, Deus define tudo que precisamos saber e seguir para termos uma vida familiar com sucesso e harmonia:

> Mulheres, sujeite-se cada uma a seu marido, como ao Senhor, pois o marido é o cabeça da mulher, como também Cristo é o cabeça da Igreja, que é o seu corpo, do qual ele é o Salvador. Assim como a Igreja está sujeita a Cristo, também as mulheres estejam em tudo sujeitas a seus maridos.
>
> Maridos, ame cada um sua mulher, assim como Cristo amou a Igreja e entregou-se por ela para santificá-la, tendo-a purificado pelo lavar da água mediante a palavra, e para apresentá-la a si mesmo como Igreja gloriosa, sem mancha nem ruga ou coisa semelhante, mas santa e inculpável. Da mesma forma, os maridos devem amar cada um sua mulher como amam o próprio corpo. Quem ama sua mulher, ama a si mesmo. Além do mais, ninguém jamais odiou o próprio corpo, antes o alimenta e dele cuida, como também Cristo faz com a igreja, pois somos membros de seu corpo. "Por essa razão, o homem deixará pai e mãe e se unirá à sua mulher, e os dois se tornarão uma só carne." Este é um mistério profundo; refiro-me, porém, a Cristo e à igreja. Portanto, cada um de vocês também ame sua mulher como a si mesmo, e a mulher trate o marido com todo o respeito.
>
> Filhos, obedeçam a seus pais no Senhor, pois isso é justo. "Honra teu pai e tua mãe" — este é o primeiro mandamento com promessa — "para que tudo te corra bem e tenhas longa vida sobre a terra".
>
> Pais, não irritem seus filhos; antes criem-nos segundo a instrução e o conselho do Senhor.

Estes, portanto, são os elementos de uma vida familiar de sucesso: uma esposa caracterizada pela submissão; um marido que ama sua esposa de modo sacrificial; filhos que obedecem a seus pais e os honram;

e pais que instruem e disciplinam seus filhos sendo um exemplo consistente que honra Deus. Praticamente todas as perguntas que podem ser feitas sobre a família devem, em primeiro lugar, voltar a essa passagem da Palavra e Deus e ao padrão que ela estabelece.

Ainda que a sua família não tenha filhos ou não tenha um pai ou uma mãe, a fórmula básica para o sucesso da família é a mesma: cada membro da família deve persistir no papel que lhe foi ordenado por Deus.

SE A MULHER DEVE SE SUBMETER, ELA NÃO ESTÁ EXERCENDO UM PAPEL MENOR?

Todos os membros da família, e não apenas a esposa, estão sob a ordem de se submeter. Na verdade, é importante notar que, nos manuscritos gregos mais confiáveis, não há verbos no versículo 22 ("Mulheres, sujeite-se cada uma a seu marido, como ao Senhor"). O verbo ali é subentendido, e para dar sentido à expressão, o leitor deve voltar ao versículo 21 e pegar emprestado seu verbo (a palavra grega para "submeter", *hupotasso*). Assim, uma tradução literal dos versículos 21 e 22 seria: "[...] sujeitem-se uns aos outros, por temor a Cristo. Mulheres, a seus maridos, como ao Senhor."

Observe que a ordem do versículo 21 (sujeitem-se uns aos outros) na verdade se aplica a todo membro do Corpo de Cristo. Paulo está dizendo que há uma submissão mútua no Corpo de Cristo que é transportada para os relacionamentos familiares. O marido demonstra sua submissão à esposa por meio de seu amor sacrificial por ela. O papel dele é como o de Cristo em João 13, em que ele se cingiu e lavou os pés dos discípulos, aceitando a tarefa mais humilde que era possível executar por eles. A esposa demonstra a submissão ao marido seguindo sua liderança, "pois o marido é o cabeça da mulher, como também Cristo é o cabeça da Igreja" (v. 23).

O papel do marido é o de líder, "cabeça da esposa". Mas isso não significa que a esposa é uma escrava, pronta para atender seus caprichos, esperando receber ordens como "Faça isso! Pegue aquilo! Vá ali! Conserte aquilo para mim!", e assim por diante. O relacionamento entre marido e mulher é o de "coerdeiros da graça da vida" (1Pedro 3:7). A esposa é o vaso mais frágil, e o marido deve honrá-la, protegê-la e ser um líder compreensivo.

O relacionamento conjugal é mais íntimo, pessoal e interno que o relacionamento entre senhor e escravo. Isso é indicado em Efésios 5:22 pela expressão "seu marido". O relacionamento marido-mulher é construído sobre uma possessão íntima. O versículo presume que a esposa responderia voluntariamente em submissão a alguém que ela possui.

O papel da esposa não é de modo algum um papel secundário. Ele não envolve nenhuma espécie de condição inferior, mas apenas uma diferença de funções ordenadas por Deus. Esse fato é maravilhosamente ilustrado por 1Coríntios 11:3: "Quero, porém, que entendam que o cabeça de todo homem é Cristo, e o cabeça da mulher é o homem, e o cabeça de Cristo é Deus." Deus e Cristo possuem papéis de autoridade e submissão, mas eles são um em essência, como Deus. O mesmo acontece com o marido e a mulher. Seus papéis diferem, mas na qualidade e no valor essencial são iguais. Como Paulo indica, os homens lideram, mas as mulheres são libertas de qualquer ideia de influência inferior gerando e criando filhos. Os homens têm a liderança, mas as mulheres têm a influência mais forte sobre a próxima geração (ver 1Timóteo 2:11-15).

O QUE UMA ESPOSA CRISTÃ DEVE FAZER SE SEU MARIDO FALHAR EM SER A AUTORIDADE À QUAL ELA DEVE SE SUBMETER?

E se o marido não estiver procurando cumprir seu papel? E se ele abdicar de sua posição de liderança e deixar para a esposa o papel de cabeça do lar? Isso acontece com frequência, principalmente na esfera da autoridade *espiritual*.

Certa vez recebi uma carta de uma esposa dizendo: "Cometi um erro terrível. Tentei ser submissa a meu marido, mas ele não queria assumir a liderança. Pouco a pouco fui assumindo o papel dele, e agora estou dominando, e ele nunca assumirá a liderança. Como posso sair desse caos?"

A resposta é: volte a ser submissa. Force a questão. Se ele não lhe der uma liderança à qual se submeter, submeta-se às coisas que você acha que ele gostaria. Coloque-se no papel bíblico adequado e fique fora disso. Depois o incentive, ore por ele e apoie-o como cabeça do lar de todas as maneiras possíveis. Acima de tudo, recuse-se a assumir a liderança dominante da família. Seja obediente ao padrão bíblico. Faça sugestões e oriente-o silenciosamente quando for absolutamente necessário, mas deixe brechas para que ele entre.

Pedro 3:1-2 diz: "Do mesmo modo, mulheres, sujeite-se cada uma a seu marido, a fim de que, se ele não obedece à palavra, seja ganho sem palavras, pelo procedimento de sua mulher, observando a conduta honesta e respeitosa de vocês." Mais uma vez, a palavra traduzida como "sujeite-se" aqui é a palavra grega *hupotasso*. Ela descreve a função, e não a essência, do papel da esposa. Em outras palavras, embora ele não esteja dizendo que o papel da esposa é menos importante que o de seu marido, ele está afirmando que, no plano de Deus, ela é quem deve se submeter, e ele é quem deve assumir a liderança.

Observe também que Pedro diz que mesmo que o marido seja desobediente à Palavra — quer ele seja alguém que rejeita Cristo de forma hostil, quer um cristão que simplesmente falha em assumir a liderança —, a reação da esposa ainda deve ser a submissão.

Assim, a melhor maneira de uma esposa incentivar um marido que não lidera a assumir seu papel como chefe da família é simplesmente se submetendo a ele, perseverando no seu papel com maior determinação e respeito por ele, e orando para que essa ação leve-o para mais perto do cumprimento de seu papel.

COMO UMA ESPOSA DEVE REAGIR A UM MARIDO QUE ABUSA DELA FISICAMENTE?

Certa vez eu estava respondendo a perguntas do público em uma reunião em Boston, e uma jovem se levantou e perguntou como uma esposa cristã deveria lidar com um marido que bate nela. Imediatamente, uma mulher de oitenta anos e de cabelos brancos, na segunda fileira, levantou-se e gritou: "Bata nele de volta, querida!"

Essa cena ainda me faz sorrir (observei depois da reunião que a velhinha estava usando botas pretas). Por mais engraçado que fosse, porém, não creio que aquela fosse a solução adequada.

O divórcio também nem sempre é uma opção. A Bíblia não permite automaticamente o divórcio no caso de um marido que pratica o abuso físico.

Ainda assim, embora o texto bíblico não instrua especificamente a esposa espancada, ela dá princípios que certamente se aplicam a ela. Provérbios 14:16 diz: "O sábio é cauteloso e evita o mal." Deus nos dá sabedoria para sermos defensivos e cautelosos. Encolhemos o pescoço quando alguma coisa vem voando pelo ar em direção a nossa cabeça. O bom senso nos diz para evitar as situações em que somos colocados em risco. E acredito que é isso que Deus espera de nós.

Uma mulher casada com alguém que a machuca não apenas tem o direito de se proteger; ela estaria errada se não fizesse isso. Não há virtude em uma esposa se submeter voluntariamente a espancamentos e abusos físicos por parte de um marido embriagado e cruel. E certamente não há garantia bíblica para uma mulher se permitir conscientemente ser espancada e até ferida em nome da submissão a seu marido, principalmente se existem passos legítimos que ela pode dar para evitar isso.

Como forma de comparação, o apóstolo Paulo diz em Romanos 13 que devemos nos submeter ao governo civil como uma autoridade ordenada por Deus. No entanto, essa "submissão" não inclui necessariamente sofrer voluntariamente nas mãos de um governo abusivo. Nosso Senhor disse: "Quando forem perseguidos num lugar, fujam para o outro" (Mateus 10:23), certamente dando permissão às vítimas da perseguição de maus governos para fugirem caso haja uma saída. Assim, a "submissão" à qual Deus nos chama não inclui a anuência automática à pura brutalidade física.

Meu conselho às mulheres que correm o risco de sofrer lesões físicas de seus maridos é, em primeiro lugar, que tentem neutralizar a situação. Tomem cuidado para não provocar qualquer circunstância que faça seus maridos se tornarem violentos. Provérbios 15:1 diz: "A resposta calma desvia a fúria."

Isso com certeza não é para sugerir que as mulheres são culpadas quando seus maridos se tornam violentos. Não há desculpa alguma para um homem agredir sua esposa fisicamente; na verdade, esse é o tipo de desobediência mais grosseira à ordem dada aos maridos em Efésios 5:25. Os homens que abusam fisicamente de suas esposas não podem afirmar legitimamente que *qualquer* atitude da esposa justifique o uso da força bruta. Atacar fisicamente sua esposa é um pecado indesculpável e inescrupuloso contra ela e contra Cristo. E tentar defender essa violência, como alguns homens fazem, afirmando com base bíblica que o marido é o "cabeça" da mulher, é corromper a própria ideia da liderança. Lembre-se de que Deus é o cabeça de Cristo, e Cristo é o cabeça da Igreja (ver 1Coríntios 11:3). Portanto, isso envolve não apenas liderança e autoridade, mas também cuidado amoroso e proteção. "Pois o marido é o cabeça da mulher, *como também Cristo é o cabeça da igreja*, que é o seu corpo, do qual ele é o Salvador" (Efésios 5:23, grifo do autor). O marido que pensa que ser o cabeça justifica sua liderança dominadora, tirânica ou brutal não captou o conceito bíblico de liderança.

Se um marido com tendência à violência se tornar agitado e abusivo, a esposa deve se retirar do perigo, deixando o lar, se necessário. Deus prometeu que ele não nos testará além de nossa capacidade de suportar, mas sempre dará um escape (ver 1Coríntios 10:13). Às vezes fugir é o *único* caminho. Se você tem filhos e eles correm perigo, leve-os para algum lugar onde estejam seguros até que você sinta que pode voltar em segurança.

Se você não estiver realmente correndo perigo, mas é apenas uma esposa esgotada que está cansada de ter um marido perverso ou desagradável, ainda que ele seja um incrédulo hostil às coisas de Deus, o desejo de Deus é que você permaneça e ore, santificando esse marido com sua presença como uma filha amada de Deus (1Coríntios 7:10-16). O Senhor a protegerá e lhe ensinará em meio a esses tempos difíceis.

É claro, ore por seu marido, submeta-se a ele de todas as maneiras possíveis, encoraje-o a buscar aconselhamento e ajuda de outros homens que possuam discernimento bíblico, e faça tudo que puder para curar os problemas que fazem com que ele seja desequilibrado ou violento.

A MULHER DEVE TRABALHAR FORA DE CASA?

A pergunta sobre as esposas que trabalham fora não é algo que possa ser respondido com um simples sim ou não. A verdadeira questão é como entendemos as prioridades bíblicas para uma mulher. Tito 2:4-5 diz que a mulher idosa na Igreja deve ensinar as mulheres mais jovens "a amarem seus maridos, a amarem seus filhos, a serem discretas, castas, donas de casa, boas, obedientes a seus maridos, para que a Palavra de Deus não seja blasfemada".

Está claro que a prioridade para qualquer mulher é cuidar das necessidades de sua família, e ela faz isso antes de tudo sendo uma "dona de casa". Em 1Timóteo 5:14 a Bíblia enfatiza o mesmo ponto, embora uma palavra grega diferente seja usada. Paulo escreve: "Portanto, aconselho que as viúvas mais jovens se casem, tenham filhos, administrem suas casas e não deem ao inimigo nenhum motivo para maledicência." A palavra grega traduzida como "administrem suas casas" nesse versículo é *oikodespoteo,* que significa "governar a casa". O domínio da mulher é o lar, e é nele que as prioridades de uma mãe devem sempre estar.

Quando o salmista, sob a inspiração do Espírito Santo, quis mostrar o caráter glorioso de Deus, ele não conseguiu encontrar elogio maior do que dizer:

> Quem é como o Senhor, o nosso Deus,
> que reina em seu trono nas alturas,
> mas se inclina para contemplar
> o que acontece nos céus e na terra?
> Ele levanta do pó o necessitado
> e ergue do lixo o pobre,
> para fazê-los sentar-se com príncipes,
> com os príncipes do seu povo.
> *Dá um lar à estéril,*
> e dela faz uma feliz mãe de filhos.
> Aleluia!
> (Salmos 113:5-9, grifo do autor).

Essa é a melhor coisa que Deus pode fazer por uma mulher!

Cuidar do lar envolve ter filhos, criá-los e administrar os negócios do lar. Tudo isso é um dom da graça de Deus concedido à mulher. Está inextricavelmente ligado ao princípio da mulher ser submissa *a seu marido.* Se trabalha fora do lar, a mulher tem um conjunto diferente de circunstâncias com as quais precisa lidar. Ela passa a prestar contas e a ser submissa não apenas a seu marido, mas também a seu chefe. Outras prioridades geralmente ameaçam a prioridade bíblica do lar e da família, e a mulher geralmente se vê dividida entre cumprir seu papel bíblico e cumprir um papel muito diferente exigido por seu emprego.

Não há nada na Bíblia, porém, que proíba especificamente as mulheres de trabalhar, desde que elas estejam cumprindo com a prioridade no lar (ver Provérbios 31).

Quer a mulher trabalhe fora de casa, quer não, o chamado *principal* de Deus para ela é o de administrar o lar. Esse é o lugar mais exaltado para uma esposa. O mundo é que chama tantas mulheres modernas para fora de casa, não o Senhor. Sua Palavra retrata o papel da mulher como alguém preocupada com os deveres domésticos. Esse é um alto chamado, muito mais crucial para o futuro dos filhos do que qualquer coisa que ela possa fazer em um emprego externo.

A decisão definitiva é pessoal e cada mulher deve tomá-la em submissão à autoridade de seu marido. Obviamente, uma mulher solteira estaria livre para trabalhar e buscar um emprego. Uma mulher casada e sem filhos talvez tenha menos tempo e energia para se dedicar a um emprego. A mulher que é mãe obviamente tem a responsabilidade principal no lar e, portanto, não estaria livre para buscar um emprego em detrimento do lar. Na verdade, em meu ponto de vista como pai, é difícil ver como uma mãe poderia fazer tudo que precisa ser feito no lar com a criação de filhos, a hospitalidade, o cuidado com os necessitados e o trabalho para o Senhor (ver 1Timóteo 5:3-14) e ainda trabalhar fora de casa.

E QUANTO À MULHER QUE QUER TRABALHAR EM CASA, MAS O MARIDO INSISTE QUE ELA TRABALHE FORA?

Há muitas mulheres que enfrentam o dilema de ter maridos que exigem que elas trabalhem fora, embora eles próprios se sintam compelidos por Deus e fazer do lar a maior prioridade. Nesse caso, há uma tensão entre dois princípios bíblicos: submissão (Efésios 5:22) e o plano de Deus para as esposas (1Timóteo 5:14; Tito 2:4-5).

A primeira abordagem para essa mulher é orar e depois compartilhar sua convicção com o marido. De uma maneira amorosa, ela deve dizer a ele o quão profundamente sua obediência a Deus importa para ela. Pode ser, caso estejam passando por dificuldades financeiras, que ela possa encontrar alguma maneira criativa de ganhar dinheiro com um trabalho que possa ser feito no lar, ou trabalhando fora durante o tempo em que as crianças estão na escola. (A mulher de

Deus mencionada em Provérbios 31 ganhava dinheiro com o trabalho que realizava em casa.) Ela pode fazer um pequeno estudo para seu marido sobre os reais benefícios financeiros de seu trabalho. Muitos estudos revelam que uma esposa que trabalha em geral não aumenta a renda líquida real, uma vez que os custos com os cuidados com as crianças e outras despesas são incluídos na equação.

Se o marido mesmo assim insiste que ela trabalhe fora, ela deve obedecer a ele com um espírito de mansidão e continuar orando. Ela deve mantê-lo amorosamente ciente do impacto negativo dessa atitude no relacionamento deles, na qualidade do lar e no desenvolvimento dos filhos. 1Pedro 3:1-6 oferece mais uma percepção para uma situação delicada como essa. Neste trecho, a esposa é instruída a demonstrar sua submissão a Deus submetendo-se à liderança de seu marido, mesmo se ele for desobediente à Palavra. Muitas mulheres realmente conseguem se submeter a seus maridos e trabalhar fora de casa, mas simultaneamente obedecem à Palavra de Deus sendo boas donas de casa entre as horas de trabalho. Isso não é nada fácil, mas uma mulher engenhosa é capaz de fazer isso. Por sua submissão a seu marido, essa esposa também está se submetendo à vontade de Deus. O Senhor conhece as circunstâncias, e é capaz de trabalhar no coração do marido para transformá-lo.

DE QUE MANEIRAS PRÁTICAS OS MARIDOS PODEM AMAR SUAS ESPOSAS?

É interessante que Efésios 5:25 *ordene* aos maridos que amem suas esposas. Primeiramente, isso demonstra que o verdadeiro amor não é apenas um sentimento que vem sobre uma pessoa; é um ato da vontade humana. Se não fosse um ato da vontade, Deus não nos ordenaria a amar. Note que Paulo não diz: "*Governem* suas esposas." Há uma liderança e alguém que segue, mas o marido deve estar focado não em sua autoridade, mas no amor sacrificial por sua esposa.

Ainda mais interessante que a ordem em si, porém, é o padrão de amor que é colocado diante dos maridos. O versículo diz: "Amem suas esposas, assim como Cristo amou a Igreja e se entregou por ela." Esse é o tipo de amor mais altruísta, doador e cuidadoso concebível à mente humana. Não há espaço nesse tipo de amor para agir com arrogância com a esposa ou para dominar a família de forma egoísta.

Pedro descreve o amor do marido por sua esposa: "Do mesmo modo vocês, maridos, sejam sábios no convívio com suas mulheres e tratem-nas com honra, como parte mais frágil e coerdeiras do dom da graça da vida, de forma que não sejam interrompidas as suas orações" (1Pedro 3:7). Vejo três conceitos-chave nesse versículo.

O primeiro é a *consideração*. Devemos viver com nossas esposas "de uma maneira compreensiva". Devemos ser sensíveis, compreensivos e ter consideração. A equipe de aconselhamento do ministério em que prego está familiarizada com todas essas reclamações de esposas infelizes: "Ele nunca me entende"; "ele não sabe o que sinto"; "ele é insensível a minhas necessidades." "Nunca conversamos." "Ele não compreende minhas dores." "Ele fala comigo de modo grosseiro." "Ele não me trata com amor", e assim por diante. Essas mulheres estão dizendo que seus maridos não têm consideração, que estão mais preocupados com o que eles podem conseguir no casamento do que com o que podem dar a ele.

Uma segunda maneira de demonstrar amor a sua esposa é através da *cortesia*. Marido, lembre-se de que sua esposa é o vaso mais frágil. Uma parte principal de sua liderança é sua responsabilidade de protegê-la, cuidar dela e se entregar a ela. Esse tipo de atitude de cuidado e doação pode ser expressa de muitas maneiras, muitas vezes por meio de gestos aparentemente insignificantes que ainda assim falam muito a sua esposa sobre seu amor por ela. Você pode abrir a porta do carro para ela, em vez de dar marcha a ré para entrar na garagem enquanto ela ainda está com o pé na porta. Ou simplesmente trazer flores para ela. Expressões pequenas e frequentes de cuidado significam mais para uma esposa do que um tratamento especial uma vez por ano no aniversário de casamento.

Por fim, os maridos podem demonstrar amor por suas esposas tendo *comunhão* com elas. Observe, novamente, como Pedro chama os maridos e as esposas de "coerdeiros da graça da vida". O casamento, mais do que qualquer outro tipo de instituição humana, foi projetado para ser uma parceria íntima, uma união de dois em um. A comunhão de um casal, então, precisa ser tão íntima e profunda quanto possível. E isso é algo que precisa ser buscado com diligência, pois requer um esforço especial. Maridos, tenham comunhão com suas esposas. Falem com elas. Compartilhem sua vida espiritual.

POR QUE OS FILHOS PRECISAM SER ENSINADOS A OBEDECER?

A Bíblia é clara no sentido de que os filhos devem obedecer aos pais. Pelo menos uma dúzia de versículos somente no livro de Provérbios diz aos filhos para obedecerem a seus pais. Efésios 6:1-3 diz: "Filhos, obedeçam a seus pais no Senhor, pois isso é justo. 'Honra teu pai e tua mãe' — este é o primeiro mandamento com promessa — 'para que tudo te corra bem e tenhas longa vida sobre a terra'."

Por que os filhos devem obedecer? Porque lhes falta a maturidade nas quatro principais áreas da vida que são essenciais para a independência. Elas estão delineadas para nós em Lucas 2:52. Nesta passagem, nos é dito como Jesus cresceu como criança em todas as quatro maneiras: "Jesus ia crescendo em sabedoria, estatura e graça diante de Deus e dos homens." Embora fosse perfeito e sem pecado, nosso Senhor cresceu como criança mental, física, social e espiritualmente. Essas são as quatro áreas em que *todas* as crianças precisam crescer.

As crianças precisam crescer em *maturidade mental*. Falta-lhes sabedoria. Falta-lhes critério, instrução e conhecimento. Quando um bebê nasce, seu cérebro está praticamente sem nenhuma informação. Qualquer coisa que ele venha a saber precisa lhe ser ensinada. Ele não sabe o que é certo e errado; ele não sabe quais são as comidas certas para comer; ele não sabe o que colocar na boca; e ele não consegue reconhecer os perigos da rua. Todas essas coisas precisam ser ensinadas, e a infância é o tempo para aprendê-las.

Também falta às crianças *maturidade física*. Elas nascem fracas e incapazes de se manterem de pé. É um longo processo até adquirirem força e coordenação. A princípio precisam ser alimentadas, trocadas e colocadas para arrotar. Elas não podem se defender nem viver no mundo sozinhas. É responsabilidade dos pais protegê-las.

Falta às crianças *maturidade social*. O sentimento mais dominante que se nota em uma criança quando ela vem ao mundo é o egoísmo. A criança é totalmente egoísta; ela quer as coisas imediatamente e pensa que tudo que está a seu alcance lhe pertence. É difícil ensinar a uma criança como dividir, como se comportar e a ser humilde. Nenhuma dessas coisas vem naturalmente para qualquer criança.

Finalmente, as crianças precisam de *maturidade espiritual*. Uma criança não cresce e passa a amar a Deus naturalmente. A Bíblia sugere que até as crianças pequenas têm certo conhecimento inato de Deus (ver Romanos 1:19), mas, sem a instrução adequada, elas ficarão à deriva. Sua própria perversidade as desviará do caminho. É responsabilidade dos pais guiá-las para a direção *certa*. Provérbios 22:6 diz: "Ensine a criança no caminho em que deve andar, e ainda quando for velha não se desviará dele." A obediência da criança é a ferramenta que a leva à maturidade da forma correta.

OS FILHOS DEVEM OBEDECER ATÉ MESMO AOS PAIS ÍMPIOS?

Nem todos os pais desejam criar seus filhos no caminho da verdade. No entanto, quando Paulo escreve: "Filhos, obedeçam a seus pais *no Senhor*", ele está dizendo que é inerente a esta obediência servir e agradar ao Senhor, honrando-o e adorando-o. Ele não está dizendo que a responsabilidade de obedecer se estende somente aos filhos cujos *pais* estão "no Senhor".

A ordem para os filhos obedecerem a seus pais é absoluta, exceto quando as ordens dos pais são contrárias às ordens claras da Palavra de Deus. Se um pai pede a um filho para transgredir um mandamento da Bíblia, a verdade de Atos 5:9 entra em jogo: "É preciso obedecer antes a Deus do que aos homens." Nessas circunstâncias, o filho deve se recusar a obedecer aos desejos dos pais, mas não de uma maneira desafiadora ou insolente, aceitando as consequências de sua desobediência pacientemente, sem demonstrar desafio ou ira.

COMO OS PAIS PODEM SABER QUAL A MANEIRA CERTA DE CRIAR SEUS FILHOS?

Efésios 6:4 diz: "Pais, não irritem seus filhos; antes criem-nos segundo a instrução e o conselho do Senhor." O erro que muitos pais cometem é pensar que a criação piedosa acontecerá sozinha em uma família cristã. Isso não vai acontecer. Os pais devem liderar pelo exemplo, cuidadosamente e de uma maneira planejada. Suas responsabilidades incluem criar, instruir, proteger e disciplinar seus filhos de acordo com o caminho do Senhor, e não provocar a ira deles.

Os pais são a chave para o crescimento espiritual de cada filho. Toda pessoa nasce com uma inclinação para o pecado, e a perversidade assumirá o controle, a não ser que as suas garras sobre a criança sejam quebradas pela regeneração. A criança precisa nascer de novo, "não de uma semente perecível, mas imperecível, por meio da Palavra de Deus, viva e permanente" (1Pedro 1:23). As instruções da Bíblia aos pais sugerem que o melhor ambiente para se promover a semente da Palavra de Deus para nossos filhos é um que seja amoroso e disciplinador.

Em um estudo realizado há vários anos, os sociólogos Sheldon e Eleanor Glueck, da Universidade de Harvard, identificaram vários fatores cruciais para o desenvolvimento da delinquência juvenil. Eles criaram um teste que pode, com cerca de 90% de precisão, prever a delinquência futura das crianças de cinco a seis anos de idade. Primeiramente, a disciplina do pai deve ser firme, justa e consistente. Em segundo lugar, a mãe deve saber onde seus filhos estão e o que eles estão fazendo o tempo todo, estando com eles tanto quanto possível. Em terceiro lugar, os filhos precisam ver o afeto sendo demonstrado entre seus pais e de seus pais para eles. E, em quarto lugar, a família deve passar tempo juntos, ser uma unidade.[1]

Estudos semelhantes sugerem que o relacionamento correto entre pais e filhos normalmente ocorre em contextos nos quais os pais se amam genuinamente, a disciplina é consistente, a criança sente que é amada, os pais dão um exemplo moral e espiritual positivo, e há um pai que lidera a família.

O ponto principal é este: o exemplo que você vive diante de seus filhos é o que mais os afeta. Muitos pais cometem o erro de se preocuparem demais com a maneira como são vistos na igreja e na comunidade, enquanto desconsideram completamente a maneira como vivem diante de seus filhos. Nada torna a verdade mais detestável para um filho do que ter pais hipócritas ou espiritualmente superficiais que afirmam a verdade publicamente, mas a negam no lar.

Pais, nossa responsabilidade é solene e tremenda, mas também é um maravilhoso privilégio. Uma das experiências mais realizadoras em todo o mundo é ter filhos comprometidos em seguir o Senhor, sem se importar qual seja o preço, porque eles viram o mesmo comprometimento em nós.

O QUE TORNA UM CASAMENTO FORTE?

O casamento para dois cristãos é, antes de tudo, um compromisso com Jesus Cristo e depois um com o outro. Satanás ama destruir casamentos, e a melhor blindagem contra seus ataques é um relacionamento profundo e mutuamente compartilhado com Jesus Cristo, além de um compromisso de obediência à Palavra de Deus. Uma vez assumido esse compromisso, não creio que um casamento possa fracassar.

Para ampliarmos o assunto, porém, eis dois princípios que fortalecem o casamento. Primeiramente, concentre-se em ser quem você deveria ser por dentro, e não apenas no que você diz, no que tem ou até em sua aparência externa. Pedro direciona esse conselho às esposas em 1Pedro 3:3-4, mas com certeza se aplica também aos maridos: "A beleza de vocês não deve estar nos enfeites exteriores, como cabelos trançados e joias de ouro ou roupas finas. Ao contrário, esteja no ser interior, que não perece, beleza demonstrada num espírito dócil e tranquilo, o que é de grande valor para Deus."

Tudo que você possui entrará em decadência. Até sua aparência ficará cada vez pior com o avanço da idade. Mas "o ser interior" amadurece, se desenvolve e fica mais belo à medida que nos tornamos mais semelhantes a Cristo. Se é esse o foco de seu casamento, o amor um pelo outro ficará mais forte também.

Um segundo princípio é: concentre-se em aprender quem o seu cônjuge é. Aconselhei muitas pessoas cujos casamentos estavam em crise porque elas simplesmente nunca haviam dedicado tempo para conhecer um ao outro. É importante entender que nenhuma pessoa e nenhum casamento é perfeito. Se você está frustrado, agarrando-se a um ideal de como você quer que seu cônjuge seja, você está ferindo seu casamento. Abandone sua ideia do par perfeito e comece a aprender, entender e amar aquele que você tem. Viva com o seu parceiro "com entendimento" (ver 1Pedro 3:7).

É significativo que Paulo ordene aos maridos amarem suas esposas (ver Efésios 5:25) e às esposas amarem seus maridos (ver Tito 2:4). O ponto é que, independentemente de com quem você seja casado, é possível aprender a amar seu cônjuge. A ideia predominante do pensamento contemporâneo parece ser a de que o amor é simplesmente algo que acontece — ele vem e vai. E quando ele se vai, as pessoas se divorciam. Como isso é contrário à ideia da Palavra de Deus, que não reconhece sequer a possibilidade de incompatibilidade entre dois parceiros casados! Deus simplesmente ordena aos maridos e às esposas que amem uns aos outros. Os sentimentos de atração inicial — os impulsos intensos — diminuirão em todos os casamentos. No entanto, quando o compromisso é cultivado, a recompensa de uma amizade amorosa e duradoura é muito mais satisfatória.

Lembre-se de que a essência do casamento é que duas pessoas se tornem uma só carne. E "um" é um número indivisível. Em Mateus 19:5 Jesus citou Gênesis 2:24: "Portanto deixará o homem seu pai e sua mãe e se unirá à sua mulher, e serão os dois uma só carne." A palavra hebraica traduzida como "se unirá" se refere a um vínculo que não pode ser desfeito. Ao mesmo tempo, ele é um verbo ativo que carrega a ideia de perseguir com esforço alguma coisa. Indica que o casamento deve ser formado por duas pessoas diligentes e totalmente comprometidas em seguir um ao outro em amor, ligadas em uma união insolúvel de mente, vontade, espírito e emoção.

No versículo 6, Jesus continua dizendo: "Portanto o que Deus uniu não o separe o homem." Todo casamento, quer seja uma união cristã, quer seja pagã, quer tenha sido feito de acordo com a vontade de Deus, quer não, é uma obra milagrosa de Deus, e se você interferir nessa união está minando a obra de Deus.

Toda família repousa sobre essa verdade básica, e o sucesso da família como um todo se ergue ou se desfaz a partir do compromisso do casal um com o outro e com a permanência da união.

A família é muito importante no plano de Deus! Ele quer fazer de nossas famílias tudo o que elas podem ser, e por essa razão o sucesso dela deve ser uma prioridade para todo cristão. Não podemos permitir que o mundo nos pressione a nos encaixarmos em seu molde de divórcio, divisão, delinquência e tudo o que acompanha o fracasso da família. Se os cristãos não tiverem famílias que permaneçam unidas, filhos que sejam criados na instrução e no conselho do Senhor, pais que amem um ao outro e lares que sejam centrados em Cristo, jamais poderemos alcançar o mundo com o Evangelho. Por outro lado, se cultivarmos essas coisas e as buscarmos de todo o coração, o mundo se levantará para observar a nós e ao Cristo que proclamamos.

Notas

INTRODUÇÃO

1. John MacArthur, *The Family*. Chicago: Moody Press, 1981.

CAPÍTULO 1: SOMBRA PARA NOSSOS FILHOS

1. Associated Press, 30 de março de 1997.
2. *Milwaukee Journal Sentinal*, 7 de julho de 1998.
3. Barbara Boyer, "Grossberg, Peterson Sent to Jail," *Philadelphia Inquirer* (10 de julho de 1998), 1.
4. Citado na revista *Washingtonian*, agosto de 1986, e *Vogue*, setembro de 1989.
5. Citado no *Washington Post*, 13 de novembro de 1983.
6. *Inhumane Society*, Fox Publications, s/d.
7. David Cooper, *The Death of the Family*. Nova York: Pantheon, 1971.
8. Kate Millet, *Sexual Politics*. Nova York: Doubleday, 1970.
9. Hillary Clinton, *It Takes a Village*. Nova York: Simon & Schuster, 1996.
10. *Pantagraphy*. 20 de setembro de 1970.
11. Gore Vidal, *Reflections Upon a Sinking Ship: A Collection of Essays*. Boston: Little, Brown, 1969, p. 246-48.
12. *Matthew Henry's Commentary on the Whole Bible*, 6 vols. (Old Tappan, NJ: Revell, n/d), 3:917.
13. Judith Rich Harris, *The Nurture Assumption: Why Children Turn Out the Way They Do*. Nova York: Free Press, 1998.
14. Ibid., p. 351.

CAPÍTULO 3: COMPARTILHANDO AS BOAS-NOVAS COM SEUS FILHOS

1. Uma versão similar deste Evangelho está incluída em meu livro *Faith Works* (Dallas: Word, 1993), 200-206. Os pais que desejam estudar uma abordagem sistemática da doutrina bíblica da salvação podem ter muita ajuda neste livro.
2. Ver Apêndice 1, "Jesus quer que eu seja um raio de Sol?"
3. A.W. Tozer, *The Root of the Righteous*. Harrisburg, PA: Christian Publications, 1955, p. 61-63.

CAPÍTULO 5: O PRIMEIRO MANDAMENTO COM UMA PROMESSA

1. *Matthew Henry's Commentary on the Whole Bible*, 6 vols. Old Tappan, NJ: Revell, 6:716.
2. John MacArthur, *The Vanishing Conscience*. Dallas: Word, 1994.

CAPÍTULO 6: A DISCIPLINA E O CONSELHO DO SENHOR

1. *Papyri Oxyrhynchus*, 4.744.
2. Haim Ginott, *Between Parent and Child*. Nova York: Macmillan, 1965, p. 72.
3. Ted Tripp, *Shepherding a Child's Heart* Wapwallopen, PA: Shepherd, 1995.
4. Ibid., 39.
5. Ibid., 20.

CAPÍTULO 7: O PAPEL DO PAI

1. *Homilies on Ephesians*, Homilia 20 (Efésios 5:25).

APÊNDICE 1: JESUS QUER QUE EU SEJA UM RAIO DE SOL?

1. Phil é diretor executivo do *Grace to You*, e me ajuda na edição da maioria de meus livros.

APÊNDICE 2: RESPONDENDO A ALGUMAS PERGUNTAS-CHAVE SOBRE A FAMÍLIA

1. *Unraveling Juvenile Delinquency*. Cambridge, MA: Harvard, 1950, p. 257-71.

Este livro foi impresso no Rio de Janeiro, em 2023,
pela Eskenazi para a Thomas Nelson Brasil. O papel do miolo é
pólen natural 70g/m² e o da capa é cartão 250g/m².